【中国人格读库】

国家新闻出版广电总局
培育和践行社会主义核心价值观主题出版重点出版物

五四新文化运动

高占祥　主编

刘祥英　著

北京时代华文书局

图书在版编目（CIP）数据

五四新文化运动 / 刘祥英著 . -- 北京 : 北京时代华文书局 , 2015.7（2022.3 重印）
（中国人格读库 / 高占祥主编）
ISBN 978-7-5699-0638-7

Ⅰ . ①五… Ⅱ . ①刘… Ⅲ . ①五四运动－青少年读物 Ⅳ . ① K261.1-49

中国版本图书馆 CIP 数据核字（2015）第 251019 号

五 四 新 文 化 运 动
Wusi Xinwenhua Yundong

主 　　编 | 高占祥
著 　　者 | 刘祥英

出 版 人 | 陈　涛
责任编辑 | 邢　楠
装帧设计 | 程　慧　段文辉
责任印制 | 訾　敬

出版发行 | 北京时代华文书局 http://www.bjsdsj.com.cn
　　　　　北京市东城区安定门外大街 138 号皇城国际大厦 A 座 8 楼
　　　　　邮编：100011　电话：010 - 64267955　64267677
印 　　刷 | 三河市嵩川印刷有限公司　0316 - 3650395
　　　　　（如发现印装质量问题，请与印刷厂联系调换）
开 　　本 | 787mm×1092mm　1/16　印　张 | 10　字　数 | 95 千字
版 　　次 | 2016 年 1 月第 1 版　印　次 | 2022 年 3 月第 3 次印刷
书 　　号 | ISBN 978-7-5699-0638-7
定 　　价 | 38.00 元

社会主义核心价值观与中国人格

周殿富

社会主义制度在中国已经建立了六十余年，而我们党则在本世纪初叶提出了培育弘扬社会主义核心价值观的重大课题，显然是其来有自。

社会主义的道德风尚在新中国蔚然兴起，曾经那样地风靡于二十世纪中叶。邓小平同志曾经在改革开放中讲过，当年"这种风气不仅是中国历史上从来没有过的，而且受到了世界人民的赞誉"。然而可惜的是，这个在社会主义制度建立与实践中，同步兴起的社会主义道德风尚的成长道路，却是一波四折。半个多世纪以来，它先是与共和国一道遭受了十年"文革"的浩劫；接着便是全党工作重心转移到改革开放进程中，欧风美雨"里出外进"的浸洗濡染；再接着是西方"和平演变"在东欧得手的强烈震荡与冲击；最后又是市场经济中那两只"看不见的手"在搅动着、嬗变着人们的价值取向。至少在国民中出现了价值观上的多层次化，传统美德的弱化，社会道德文明水准的退化，光荣革命传统的淡化，这也许正是中央在本世纪初提出社会主义核心价值观的原因吧。

不管怎么"变"，怎么"化"，当我们回首来时路，却不能不说，中华民族真的很强大，很值得骄傲。人类经历了几千年的文明进程，堪称世界文化之源的"五大文明古国"，其他四大古国文明都已被历史淘汰灭亡，只有中国成了唯一的延续存在。近现代即使那般的积贫积弱，被西方列强豆剖瓜分、弱肉强食，想亡我中华都不可能，就连最强大的美帝国主义，最凶残的日本军国主义都成为我们的手下败将，而且打出了一个新中国，且跨过整整一个历史阶段，直接进入了社会主义。西方敌对势力几十年不遗余力地对新中国百般围剿，"冷战""热战""和平演变"手段用尽，连如此强大的前苏联乃至整个苏东阵营都被瓦解了，而社会主义的旗帜仍旧在960万平方公里的土地上高高飘扬，而且昂首挺胸地屹立在世界的东方，中国真的是太强大了。几十年来的瞩目成就，竟然令西方发出了"中国威胁论"。你管他别有用心也好，言过其实也好，总比让别人说我们是"瓷器"，是"东亚病夫"好吧？1840~1949年的一百零九年间，中国尽受别人的欺负、"威胁"了，我们也能让那些昔日列强有点"威胁感"，又有什么不好？更何况这是他们自己说的啊！我们并没吹嘘，也没有去做。几千年来我们侵略过谁呢？"反战""非攻""兼相爱，交相利"，中国古有墨子，近有周恩来、邓小平同志。这也是中华民族固有传统美德的延续吧！

生于忧患，死于安乐，这也当是中华民族的一个传统美德吧？几十年来尽管中国如此繁荣兴旺，但从邓小平生前一直到党的"十八大"以来，无论哪一届中央领导集体，从来都没有忘记过国之忧患。忧在何处，患在何处呢？

二十世纪八十年代末，邓小平同志曾经在半年的时间内四次提到：中国改革开放十年最大的失误在教育，在"对青年的政治思想教育抓得不够""对人民的教育不够"，足见他的痛心疾首。他晚年时又提到了"国格"与"人格"的问题，讲道："谈到人格，但不要忘记还有一个国格。特别是像我们这样第三世界的发展中国家，没有民族自尊心，不珍惜自己民族的独立，国家是立不起来的。"

（精装版《邓小平文选》第3卷331页。）

人们很少注意到邓小平的这一段话，但邓小平恰恰是在这里把"国格""人格"提升到了事关"立国"的高度。

那么，什么是我们社会主义的"国格"呢？邓小平讲得很明白："民族自尊心""民族的独立"。

新中国一路走来，我们最大的尊严便是完全靠"自力"，靠"艰苦奋斗"，而达"更生"之境。对西方敌对势力的"冷战""热战""和平演变"，我们何曾有过屈服？也正是在这一前提下，我们才有真正的"民族独立"。这就是我们的国格。那么什么是我们中国人的人格呢？邓小平同志在这里没有讲，但他在1978年4月22日召开的全国教育工作会议上的讲话中，在讲到我们的教育培养目标时，至少提到与社会主义人格相关的各个方面：革命的理想，共产主义的品德，勤奋学习，严守纪律，艰苦奋斗，努力上进，爱祖国，爱人民，爱劳动，爱科学，爱护公共财产，助人为乐，英勇对敌，集体主义精神，专心致志地为人民工作，等等。这里的哪一条不属于社会主义人格的范畴呢？

2006年党的十六届三中全会，第一次提出了"建设社会主义核心价值体系"的历史性命题和战略任务。2007

年，胡锦涛同志在"6·25"讲话中又具体提出这个"体系"包括四个方面的内容：①马克思主义的指导思想；②中国特色社会主义共同理想；③以爱国主义为核心的民族精神和以改革创新为核心的时代精神；④社会主义荣辱观。这四个方面，一是信仰，二是理想，三是精神，四是道德文明，哪一个不在社会主义人格的范畴之内呢？党的十七届六中全会又提到了社会主义核心价值体系是"兴国之魂"。

2012年11月，在党的"十八大"上又用"三个倡导"把社会主义核心价值观概括为十二项：①倡导富强、民主、文明、和谐；②倡导自由、平等、公正、法制；③倡导爱国、敬业、诚信、友善。而且中办文件又把这"三个倡导"分为三个层面：第一个"倡导"的四项，是国家层面的价值目标；第二个"倡导"的四项，是社会层面的价值取向；第三个"倡导"的四项，是公民个人层面的价值准则。实际上前两个"倡导"的八项都是属于"国格"范畴，而第三个"倡导"是属于"人格"范畴。

那么，我们怎样才能在前面讲到的那些历史嬗变中培育建构起这个"核心价值观"呢？中共中央政治局的第十三次集体学习，似乎很明确地回答了这个问题。

新华社北京2014年2月25日电讯称：中央政治局在2月24日，以弘扬社会主义核心价值观，弘扬中华传统美德为内容，进行了集体学习，习近平总书记在主持学习时强调：

培育和弘扬社会主义核心价值观必须立足中华优秀传统文化。牢固的核心价值观，都有其固有的根本。抛弃传统、丢掉根本，就等于割断了自己的精神命脉。博大精深的中国优秀传统文化是我们在世界文化激荡中落稳脚跟的根基。中华文化源远流长，积淀着中华民族最深层的精神追求，代表着中华民族独特的精神标识，为中华民族生生不息、发展壮大提供了丰厚滋养。中华传统美德是中华文化精髓，蕴含着丰富的思想道德资源。不忘本来才能开辟未来，善于继承才能更好创新。对历史文化特别是先人传承下来的价值理念和道德规范，要坚持古为今用、推陈出新，有鉴别地加以对待，有扬弃地予以继承，努力用中华民族创造的一切精神财富来以文化人，以文育人。

习近平总书记的这段论述相当精辟，对于如何培育建构社会主义核心价值观问题从四个方面剀切明白。

第一，他明确指出要在中华优秀传统文化的基础上，来构造我们的社会主义核心价值观，而不能割断历史。这一条十分重要，否则我们便会失去我们的本来面目，便会成为无源之水，也就无法走向未来。

第二，指出了中华传统美德是中华文化精髓，蕴含着丰富的思想道德资源。这就为我们揭示了社会主义核心价值观，要以弘扬优秀的中华传统美德为基础。

第三，他指出，对传统文化在扬弃中继承，在继承中创新。这就是说，社会主义核心价值观的内涵，既要有优良传统的文化精神，也要有时代精神，是二者的有机结合。

第四，他指出要用中华民族创造的一切精神财富，来化人育人。这就是说，弘扬中华民族文化，并不只是传承儒学那些道统，而是要弘扬全民族共创的优秀传统文化。同时也就是说，培育、弘扬社会主义核心价值观的根本目的是化民、育人。

尤其值得瞩目的是，习近平总书记在这次讲话中提到了一个"中华民族独特的精神标识"问题，而在同年的全国组织部长会议上又提出我们再也不能以GDP论英雄的思想。让人欣慰的是，思想道德文化建设终于被提升到一个民族的标识地位，这至少表明中国人的思想观念，并不落伍于世界潮流。

并不受人欢迎的亨廷顿生前给他的祖国提出的警示忠告，竟是如何弘扬他们没有多少历史和文化的"传统文化"："盎格鲁新教精神——美国梦"，以此为国家的"文化核心"问题。他讲道："在一个世界各国人民都以文化来界定自己的时代，一个没有文化核心而仅仅以政治信条来界定自己的社会，哪有立足之地？"所以，他提醒他无限忠于的祖国，一定要巩固发扬他们自入居北美以来，在新教精神基础上形成的"美国梦"理念的"文化核心"地位，这样才能消解这个国家的民族与文化双重多元化的危机。为此，他甚至预言美国弄不好会在本世纪中叶发生分裂。而且他公开预言不列颠大英帝国也会因民族与文化多元化的问题，导致在本世纪上半期发生分裂。

西方的一些专家学者们也十分强调国家民族文化的地位问题，柏克说："全世界的人根据文化上的界限来区分自己。"丹尼尔同样说："保守地说，真理的中心在于，对一个社会的成功起决定作用的是文化，而不是政治。开明地说，真理的中心在于，政治可以改变文化，使文化免于沉沦。"这些语言也可能有它们的局限性与某种非唯物性，但至少可以让我们看到那些发达的资本主义国家在想什么，至少与马克思主义经典作家们，关于意识形态并不总是消极被动地接受它的经济基础的论断并不相悖。

中国显然具有世界上最悠久的民族文化，同时显然也拥有世界上最强大的政治优势。新中国包括它直接进入社会主义的经济形态，以及其后的一次次经济变革，哪一次不是靠政治力量在强力推动呢？它当然同样拥有让我们几千年的民族文化"免于沉沦"的能力。有学人认为我们的民族文化早就被以往一次次的历史性灾难割裂了，这个看法显然都是毫无道理的。但我们当下却确实面临着"两个传统"失传失统的危险。中国的传统文化与优秀的民族美德，在当代国民中还有多少传承？老一代中国共产党人用生命与鲜血铸就的光荣革命传统，在党内还有多少"光大"？我们现在全民族的"核心文化"到底在何处？"社会主义核心价值观"的提出不仅符合世界潮流，也是使我们优秀的民族文化得以传承而不发生历史断裂的根本保证。富和强永远都不是一个民族的标志，哪个国家不可以富，不可以强？但能代表中国"这一个"本来面目，具有自己民族特色的，唯有中华民族的文化，能代表中国人形象的只有中国独具的道德人格。什么是人格？人格就是原始戏剧中不同角色的本来面目。

综上所述，我们是不是可以这样认为，社会主义核心价值观应内含如下的成分：中华民族传统文化中的优秀传统美德；中国人民近现代反帝反侵略反封建的爱国主义、斗争精神与中国共产党领导下形成的几十年光荣革命传统；中国化了的马克思主义有中国特色社会主义的共同理想；与"中国梦"远大目标相适应的时代精神。由这些内涵构成的社会主义核心价值观，用它来干什么呢？用习近平总书记的话来说就是"化人""育人"，把它再具体化一下，无非是打造能体现中华民族特色，代表中国形象的国格、人格。在思想道德层面上，一个国家的民族精神也只有在人的身上才能体现，所以我们依据社会主义核心价值观的基本要求，针对当代青少年的实际情况，策划了《中国人格读库》这样一套大型系列选题。

本套书承蒙全国少工委、中华文化促进会、团中央中国青年网三家共同主办推广，并积极提供书稿。难得高占祥老前辈热情出任该套书的编委主任，且高占祥同志不辞屈就加盟主创作者队伍。一些大学、中学教师与青年作者也积极加盟此套书的编写。该选题被国家新闻广电出版总局列为2014年全国社会主义核心价值观重点选题，在此一并鸣谢。

希望本套书的出版能为社会主义核心价值观的培育与弘扬，为促进青少年的道德人格养成起到积极的作用。欢迎广大读者与作家对不足之处批评教正，多提宝贵建议与指导意见。

谨以此代出版前言并序。

二〇一四年十月

于北京时代华文书局

目录

五四运动
——国家兴亡、匹夫有责的担当精神

外争主权，内除国贼，中国存亡，就在此一举了！今与全
国同胞立两个信条道：中国的土地可以征服而不可以断送！中
国的人民可以杀戮而不可以低头！国亡了！同胞起来呀！

——五四运动之《北京学界全体宣言》

说到五四运动，基本上全国的中小学生都知道这个名词。
五四运动，从它诞生那刻起，就带着改变历史的印记，在历史的
每一页显示着自己的存在。五四运动，是中国近现代史上一个具
有重大历史意义的事件，从那之后，它的影响就无时不在。

五四运动的爆发并不是偶然的，有着深厚的现实背景，直
接受到当时启蒙运动的影响。

1914年第一次世界大战爆发，日本借口对德宣战，攻占青
岛和胶济铁路全线，控制了山东省，夺取德国在山东强占的各

种权益。

1918年一战结束，德国战败。

1919年1月，战胜国在巴黎召开"和平会议"。中国以战胜国的身份也参加了巴黎和会，并在会上提出取消列强在华的各项特权，取消日本帝国主义与袁世凯订立的"二十一条"不平等条约，归还日本从德国手中夺取的山东各项权利等要求。巴黎和会在帝国主义列强操纵下，不但拒绝了中国的要求，而且在对德和约上，明文规定把德国在山东的特权，全部转让给日本。北京政府竟准备接受这个屈辱"和约"，在"和约"上签字，这个消息传到国内，激起了中国人民的强烈反对。

五四运动的前两天，北京高校一些进步团体召开了一个秘密会议。与会者针对巴黎和会中北京代表团的卖国行径交换了意见，大家异常愤慨，有主张暗杀卖国贼的，有主张实行暴动的。最后决定严查卖国贼曹汝霖、章宗祥、陆宗舆等人，并准备5月4日那天采取行动。

5月4日上午10时左右，各校学生约六七千人，聚集到天安门前，每人手执小旗，上面写着"打倒卖国贼，收回山东权利"等标语，并发布了天安门大会宣言：

一九一九年五月四日天安门大会宣言

呜呼国民！我最亲爱最敬佩有血性之同胞！我等含冤受辱，忍痛被垢于日本人之密约危条，以及朝夕祈祷之山东问题，青岛归还问题，今日已由五国共管，降而为中日直接交涉之提议矣。噩耗传来，天暗无色。夫和议正开，我等所希冀所庆祝者，岂不曰世界中有正义，有人道，有公理，归还青岛，取消中日密约，军事协定，以及其他不平等之条约。公理也，即正义也。背公理而逞强权，将我之土地，由五国共管，侪我于战败国，如德奥之列，非公理，非正义也。今又显然背弃山东问题，由我与日本直接交涉。夫日本虎狼也，既能以一纸空文，窃掠我二十一条之美利，则我与之交涉，简言之，是断送耳，是亡青岛耳。夫山东北扼燕晋，南控鄂宁，当京汉津浦两路之冲，实南北咽喉关键。山东亡，是中国亡矣。我同胞处此大地，有此山河，岂能目睹此强暴之欺凌我，压迫我，奴隶我，牛马我，而不作万死一生之呼救乎？法之于亚鲁撒、劳连两州也，曰："不得之，毋宁死。"意之于亚得利亚海峡之小地也，曰："不得之，毋宁死。"朝鲜之谋独立也，曰："不得之，毋宁死。"夫至于国家存亡，土地割裂，问题吃紧之时，而其民犹不能下一大决心，作最后之愤救者，则是二十世纪之贱种。无可语于人类者矣。我同胞有不忍于奴隶牛马之痛苦，亟欲奔救之者乎？则开国民大会，露天演说，通电坚持，为今日之要著。至有甘心卖国，肆意通奸者，则最后之对付，手枪炸弹是赖矣。危机一发，幸共图之！

大会决定先向各国公使馆游行示威，再向总统府请愿，要求惩办卖国贼曹汝霖、章宗祥、陆宗舆，拒绝在巴黎和会上签字。

队伍向各国公使馆所在地东交民巷出发。在东交民巷口，外国兵阻挡不准通过，交涉无果，队伍就浩浩荡荡向赵家楼曹汝霖公馆走去。

到达曹汝霖公馆，只见公馆大门紧闭，有数十名武装警察守卫。学生队伍高喊"打倒卖国贼"的口号。突然有一个领队之人奋不顾身，纵步跳上门边的小窗户，警察赶紧上前阻止，大家开始群情激奋地向警察演讲卖国贼如何卖国，有人用尽力气去掰警察的手，领队趁乱跳下去把大门打开，于是大队学生蜂拥而入曹汝霖公馆。学生们立刻分散到各个角落，四处捣毁家具。搜寻曹汝霖不见踪影，忽然发现了章宗祥，群众你一拳我一脚把他打倒在地。后来又搜出曹汝霖的父亲和姨太太，大家不约而同地痛骂了一顿。天将黑的时候，有人放火烧了房子，学生们高呼口号而散。走得慢的同学，被捕了32人。这就是"火烧赵家楼"事件。

北大蔡元培校长联合各专门学校校长去保释被捕的学生，但北洋军阀政府寻借口不肯释放。三天后，也就是5月7日，北京政府害怕学生们再闹事，就把学生释放了。

北京学生爱国运动的影响迅速扩大。天津、上海、长沙、广州等城市和全国各地纷纷举行游行示威。6月5日，上海工人开始大规模罢工，以响应学生。上海日商的内外棉第三、第四、第五纱厂以及日华纱厂、上海纱厂、商务印书馆的工人全体罢工，参加罢工的人员有两万人。6日、7日、9日，上海的电车工人、船坞工人、清洁工人、轮船水手，也相继罢工，总数前后约有六七万人。上海工人罢工波及各地，京汉铁路长辛店工人、京奉铁路工人及九江工人都举行罢工和示威游行。

6日，上海各界联合会成立，反对开课、开市，并且联合其他地区，全国22个省150多个城市都群起响应。北京政府为之震惊，不得不于6月6日释放5月7日后逮捕的800多名学生。10日宣布曹、章、陆三人"辞职"。

6月11日，陈独秀等人到北京前门外闹市区散发《北京市民宣言》，声明如政府不接受市民要求，"我等学生商人劳工军人等，惟有直接行动以图根本之改造"。陈独秀因此被捕。各地学生团体和社会知名人士纷纷通电，抗议政府的这一暴行。28日，中国代表团拒绝在对德和约上签字。五四爱国运动胜利地告一段落。

学生们抗议的巴黎和会卖国和约终究没有签订。1921年11月至1922年2月，美、英、法、日和中国等在美国华盛顿举行国际会议。经过协商，中国代表团和日本签订了《解决山东问题悬案条约》及其附约。

条约规定，日本将德国旧租借地交还中国，中国将该地全部开为商埠；原驻青岛、胶济铁路及其支线的日军应立即撤退；青岛海关归还中国；胶济铁路及其支线归还中国等。这项条约虽然给了日本人和外国侨民许多特殊权利，但是中国通过该条约收回了山东半岛主权。这一结果直接刺激了日本加快侵略中国、排挤其他列强的步伐。由于北京政府外交政策的失败，各地军阀利用北京政府无力应对，相互攻伐，加剧了中国的内乱。从长远看，五四运动的政治影响极为深远。

五四运动能够发生，得益于20世纪初进步知识分子不遗余力地开展新文化启蒙活动，这中间包括梁启超、陈独秀、李大钊、鲁迅、胡适等进步学人。

陈独秀创办的《新青年》杂志，举起"民主"和"科学"两面旗帜，猛烈抨击封建主义旧文化，提倡新文化，提倡用白话文代替文言文，并在"文学革命"的旗帜下，提倡新文学。

1918年，李大钊发表《庶民的胜利》《布尔什维主义的胜利》等文，为社会主义思潮在中国的传播奠定了基础，中国的先进分子开始用无产阶级的宇宙观作为观察国家命运的工具。五四运动就是新文化运动在社会层面的一次实践和发展。

五四运动表面上看是一场由中国学生发起的爱国运动，但从整个社会背景、社会发展来看，它的影响远远不止于此，甚至波及中国思想文化、政治发展方向，社会经济潮流，教育等社会的各个层面，五四运动使苏俄在中国播下无产阶级暴力革命的种子，中国共产党的成立就是间接受到了五四运动的影响。

轶闻

当年社会各界舆论对于"火烧赵家楼、痛打章宗祥"事件，几乎是一边倒地认定为"爱国行动"。然而时任北京大学讲师的梁漱溟却于5月18日在《国民公报》上发表《论学生事件》文章，发出了令人震惊的与众不同的声音——

"我的意思很平常，我愿意学生事件交付法庭处理，愿意检厅提出公诉，审厅去审理判罪，学生去尊判服罪。检厅如果因人多检查得不清楚，不好办理，我们尽可一一自首，就是情愿牺牲，因为如不如此，我们所失的更大。在道理上讲，打伤人是现行犯，是无可讳言的。纵然曹、章罪大恶极，在罪名未成立时，他仍有他的自由。我们纵然是爱国的行为，也不能侵犯他，加暴行于他。纵然是国民公众的举动，也不能横行，不管不顾。绝不能说我们所做的都对，就犯法也可以使得……在事实上讲，试问这几年来哪一件不是借着'国民意思'四个大字不受法律的制裁才闹到今天这个地步？……最好我们到检厅自首，判什么罪情愿领受，那真是无上荣誉。这好榜样，可以永远纪念的。"

时年26岁的梁漱溟当然也支持学生的爱国行动，但他坚决反对学生们纵火、打人的非法之举。以当年人的眼光看，梁漱溟的此番言论实在是书生迂腐之论，不值一提，但这番言论也从一个侧面表现了梁漱溟不从众、坚持合理合法进行爱国活动的意愿。

五四运动中，曹汝霖被称为卖国贼，住宅被北大学生放火焚烧。运动过后，北京政府下令罢免了曹汝霖交通总长的职务。此后他搞起了实业，陆续出任天河煤矿公司总经理，中国实业银行总经理，井陉、正丰煤矿公司董事长等职。

抗日战争爆发后，曹汝霖为了"挽回前誉之失"，发誓不在日伪政权任职，决不在自己被国人唾弃的历史上再加上更重的卖国罪孽。据说日军筹组华北伪政权时，曾一度把曹汝霖看做理想人选，但曹汝霖始终不为所动。后来，曹汝霖被迫挂上伪华北临时政府最高顾问、华北政务委员会咨询委员等虚衔，但曹汝霖从不到职视事，也不参与汉奸卖国活动，保持了晚节。

梁启超和国民性改造
——反思和自省

国也者，积民而成。国家之主人为谁？即一国之民是也。

——梁启超《中国积弱溯源论·积弱之源于理想者》

自从1840年鸦片战争以来，中国屡遭西方列强蹂躏，割地赔款，丧失主权，中国人民陷入水深火热的凄惨境地，而不甘亡国灭种的中国人民进行了一系列可歌可泣的反抗斗争。那些受过教育或者出洋留过学的先进的知识分子和统治阶级的上层人物开始努力探索救国救民之道。洋务运动、维新变法便是他们从物质层面到制度层面所进行的救国救民实践，但最终的结局都以失败告终。

其中有一个人，对洋务运动、维新变法的失败进行了深刻的反思，最终认为，要想真正改变中国，使中国走上富强之路，必须从根本上对国民思想进行改造，他就是梁启超。

梁启超，字卓如，1873年2月3日生于广东新会一个殷实的耕读家庭。梁启超从小聪慧，5岁识字，被誉为神童。1890年，梁启超拜康有为为师，随后踏上维新变革的道路，与康有为并称"康梁"，是维新变法的中坚力量。可惜这场变法只维持了短短三个多月，人称"百日维新"，如昙花一现。

维新变法失败后，梁启超被迫逃亡日本，一住就是十多年。但他没有消沉下去，也没有走上抱着维新派的几个观点抱残守缺的顽固派道路，而是积极地寻找维新变法失败和中国近代落后的原因，努力总结经验教训，始终走在中国先进思想前沿。

在此期间，梁启超阅读了大量西方社会学名著，这些著作开阔了他的眼界，让他从维新变法失败的沮丧中重新站了起来，还与孙中山等革命党人有了接触，受到革命党人的一些思想影响。

梁启超的这种变化引起师父康有为的不满。康有为指责他离经叛道，背离师父之前的道路。但梁启超不为所动，多次写信给康有为，恳切请求师父跟上时代的步伐。两人的思想观点迥异，后来在人生道路上越走距离越远。

梁启超在《中国积弱溯源论》一文中，从传统文化、国民心理、封建统治等几个方面探讨了中国积弱的根源，抨击了封建专制制度。他认为，中国积弱之根源在于：

一、源于理想（即理念）者：一是不知国家和天下的区别，以为中国就是天下，结果一遇外强，遂生两蔽——一骄二懦；二是不知国家与朝廷的区别，以为政府就是国家，为朝廷兴衰高兴和悲哀，而不是为国家；三是不知国家和国民的关系，以为国家是养活和管理国民的，而不是国民是养活和管理国家的。

二、源于风俗者：一是奴性，统治者奴化百姓，百姓也自己奴化自己，奴隶再多，形不成力量；二是愚昧，不让人识字、不让了解国家与世界、不让讨论问题；三是为我，没有群体意识和社会概念；四是好伪，奏章所报为伪事，颁布的律令为伪文，官员任职为伪职，文化为伪、武装为伪；五是怯懦，讲求"和（和谐）为贵"；六是无动，老子曰"无动为大"（稳定）。

三、源于政治者：一是从考量政绩的历代标准看，以愚其民、柔其民、涣其民的程度为准；二是从执政的方法看，有四个基本手段，即驯民术、饴民术、役民术、监民术。

作为思想家的梁启超开始对社会、民族、国民性进行深刻的剖析和反省，他已深深地认识到旧有的国民性已成为中国积弱的最大根源。这些认识为他后来开启新民理论建设奠定了思想基础。

梁启超在1902至1906年期间在报刊上陆续发表了一系列评论文，论述培育新国民的必要性和主要内容。后来这二十篇文章集合成册，便是今日《新民说》一书。

《新民说》认为，一个国家、一个民族，是富强还是积弱，关键在于民众，所以，如欲救国必先启蒙民众，把旧国民改造为新国民，用梁的话说"新民为今日中国第一要务"。

梁启超在书中曾经做过一个恰当的比喻：

国也者，积民而成。国之有民，犹身之有四肢、五脏、筋脉、血轮也，未有四肢已断，五脏已瘵，筋脉已伤，血轮已涸，而身犹能存者，则未有其民愚陋、怯弱、涣散、浑浊，而国犹能立者。故欲其身之长生久视，则摄生之术不可不明；欲其国之安享尊荣，则新民之道不可不讲。（《新民说》第一节"叙论"）

意思是说，国民对国家来讲，就好像身体的四肢、五脏、筋脉、血轮一样，如果四肢断了，五脏坏了，经脉伤了，血轮干了，则国家本身也就败坏而不复存在了。

梁启超所谓"新民说"之"新"，指革新；"新民"，就是革新人民的思想，人民有了新的思想，才能成为有自由、有个性、懂权利、守义务的新国民。这就要求人民走出国门，放眼世界，学习世界先进国家的先进思想和科技，打破传统的束缚，使民智大开，敢作敢为，从根本上改造国民的灵魂，这才是救国救民的根本所在。如果没有"敢为天下先"的精神，不懂得师夷长技以制夷，一味愚昧落后，甘为奴隶，这样的国民是不可能建立起一个全新的国家的。

梁启超

梁启超对国民性进行批判，这并不是他的最终目的，而是要通过批判国民性，最终指向国民性改造，通过改造国民性，以达到推翻封建主义、帝国主义、殖民主义的压迫，建立新中国的梦想。

但是，对国民性进行改造，绝不是一件容易的事。改造国民的劣根性，构建健全的民族心理，恐怕比维新变法和反抗外国侵略还要艰难，这需要几代人的努力。梁启超在剖析了国民性的种种痼疾后有针对性地提出了改造国民性的途径，主要有以下三方面：

一是推翻专制主义皇权。中国数千年历史都是专制主义皇权统治，国民在专制主义皇权压迫下，养成怯懦、愚昧、伪善等落后品性，早在鸦片战争之前，这些品性就影响着国家和民族的继续进步，西方列强的侵略，则使中国加剧了被奴役被瓜分的危机。中国如不进行改革，如不健全国民品性，就无法改变被奴役的命运，无法使国家强盛起来，重新立于世界民族之林。

许多早期的启蒙主义者如严复、鲁迅、邹容等，都提出过改造国民性的主张。推翻专制政体，使国民摆脱封建思想文化的毒害，充分享有自由、民主、人权，使人成为一个健全的人、独立的人。专制政体是改造国民性的桎梏，只有推翻专制政体，才能顺利进行国民性改造。

二是开阔眼界，学习他国长处。近代以来，中国因为闭关锁国、封闭保守，在政治、经济、军事等方面被其他国家超越，中国若要奋起直追，就要放下包袱，敞开心胸，向所有具有先进思想和技术的国家学习。梁启超非常钦佩盎格鲁-撒克逊民族和日本民族，他认为这些民族之所以能成为当时世界上的强国，是因为他们的国民具有敢于进取、冒险的竞争意识，维护权力、履行义务的法律意识，自由、自治、合群和公德意识。而这些思想意识都是我国国民所不具备的。

三是继承中华民族优秀的文化遗产，弘扬中国固有的民族精神。梁启超在文中写道：

凡一国之能立于世界，必有其国民独具之特质。上自道德法律，下至风俗习惯、文学美术，皆有一种独立之精神，祖父传之，子孙继之，然后群乃结，国乃成。斯实民族主义之根柢、源泉也。我同胞能数千年立国于亚洲大陆，必其所具特质有宏大、高尚、完美，厘然异于群族者，吾人当保存之而勿失坠也。（《新民说》第三节"释新民之义"）

梁启超是个比较清醒的人，当时的中国被列强欺凌，很多知识分子灰心丧气，对中国文化有了一种全面否定的倾向，认为中国文化一无是处，都该舍弃。而梁启超没有走向这种极端，他既看到了他国他民族的长处，也看到了本国本民族五千年文明史所积累的文化财富。因此他在提倡向西方学习的同时，更强调学习他人长处，而且要善于将他国长处同本民族固有的精华结合起来，这样才能造就出一代崭新的国民。

梁启超对中国国民性批判和国民性改造的主张，对20世纪初中国人的思想解放作出了卓越的贡献，客观上对中国知识分子和普通民众起到了思想启蒙的作用。当时大多数国人在专制主义集权统治下变得十分麻木愚昧，即使明知未来灰暗，也无法超越现实，奋发图强，不清楚奋斗的目标在哪里，对外国列强的侵略极度恐慌而不知所措。

梁启超等人的主张，给了有良知的爱国知识分子振聋发聩的迎头一击，震醒了他们的心灵，使他们有意识地挣脱自身束缚，从根本上开始反思国民性问题。

这之后直到五四青年运动时期的各路战将，有很多都是在梁启超等启蒙前辈的启发下走上国民批判的道路。比如鲁迅、陈独秀、李大钊等人，都对国民性问题有过深刻的思索和探讨。梁启超笔耕不辍，发表了大量文章，不少都刊登在《清议报》和《新民丛报》上，鲁迅就是这些报刊的忠实读者。

当我们在一百年后重新回顾20世纪初的那段历史，会忍不住为梁启超的清醒意识赞叹。

当时维新变法已经失败，另一位维新派领袖康有为没有跟上时代潮流，退化为保皇派，不接受当时风起云涌的巨大的思想和社会变革，仍然顽固地坚持着自己那不彻底的维新主张。

而梁启超经过痛苦的思索，终于抛弃了昨天的自己，升华了自己的思想认识，认为只有全面学习西方的文化和制度，才能真正拯救中国。但这种学习并不是放弃自身文化，全盘照搬西方文化。虽然他严厉批判中国文化，批判中国国民性，但他的根始终扎在中国的土地上，对中国文化的优秀一面，从来没有过怀疑，不管如何赞美外国文化，都没有丧失民族的尊严。对于西方侵略者的各种殖民主张和措施，他也做了无情的揭露和批判。比如，西方列强打着传播文明的口号，用枪炮轰开弱势国家的大门，这表明他们的口号是无比虚伪的；他们在中国开矿、修铁路、建工厂，都是殖民掠夺的手段而已，是对中国的经济掠夺。梁启超对于西方文化的认可体现在工业实业、教育等实务上及政治制度上，但是他从来没有按照殖民者建构的世界图式，将中国文化置于愚昧、野蛮、黑暗的洞窟里，而将西方文化置于道德的神龛里。

轶闻

1926年10月3日，徐志摩和陆小曼在北海画舫斋举行结婚典礼。作为徐志摩的老师，梁启超受邀作为证婚人为二人证婚。

在很多人看来，证婚人在新人婚礼上的"证婚词"，都应该是"美言善词"，但梁启超却当场发表了一份堪称旷古绝今的"证婚词"，不仅在中国文坛上留下了一则佳话，也为今人的婚恋生活敲响了警钟。

梁启超性格刚毅，率真诚挚，他虽爱才如命，喜欢爱徒徐志摩，却看不惯徐志摩的私人生活。徐志摩已有结发妻子张幼仪，却在留学英国期间，全力追求林长民之女林徽因，并向发妻张幼仪递交了离婚通知书。林家不同意这门婚事，徐志摩又转而追求京城有名的交际花、北京大学教授王受庆的妻子陆小曼。陆同王离了婚，嫁给了徐志摩。徐家坚持要请梁启超为证婚人，婚礼上，梁启超霍然站起，宣讲了有史以来"最坦诚""最直率""最另类"的证婚词：

我来是为了讲几句不中听的话，好让社会上知道这样的恶例不足取法，更不值得鼓励。徐志摩，你这个人性情浮躁，以至于学无所成，做学问不成，做人更是失败，你离婚再娶就是用情不专的证明！陆小曼，你和徐志摩都是过来人，我希望从今以后你能恪遵妇道，检讨自己的个性和行为，离婚再婚都是你们性格的过失所造成的，希望你们不要一错再错自误误人。不要以自私自利作为行事的准则，不要以荒唐和享乐作为人生追求的目的，不要再把婚姻当作儿戏，以为高兴可以结婚，不高兴可以离婚，让父母汗颜，让朋友不齿，让社会看笑话！以后要痛自悔悟，重新做人！愿你们这是最后一次结婚！

梁启超更顺便发表了自己对爱情和人生的看法："你们基于爱情，结为伴侣，这是再好不过的了。爱情神圣，我很承认；但是须知天下神圣之事，不止一端，爱情以外，还多着哩。一个人来这世界上一趟，住几十年，最少要对于全世界人类和文化，再万仞岸头添上一撮土。这便是人之所以为人之最神圣的意义和价值。"

梁启超更在次日（1926年10月4日）写信给孩子们，讲解自己的一番苦心：

孩子们：我昨天做了一件极不愿意做之事，去替徐志摩证婚。他的新妇是王受庆夫人（王受庆是徐志摩的朋友，陆小曼的丈夫），与志摩恋爱上，才和受庆离婚，实在是不道德之极。我屡次告诫志摩而无效。胡适之、张彭春苦苦为他说情，到底以姑息志摩之故，卒徇其请。我在礼堂演说一篇训词，大大教训一番，新人及满堂宾客无一不失色，此恐是中外古今所未闻之婚礼矣。今把训词稿子寄给你们一看。青年为感情冲动，不能节制，任意决破礼防的罗网，其实乃是自投苦恼的罗网，真是可痛，真是可怜。徐志摩这个人其实聪明，我爱他不过，此次看着他陷于灭顶，还想救他出来，我也有一番苦心。老朋友们对于他这番举动无不深恶痛绝，我想他若从此见摈于社会，固然自作自受，无可怨恨，但觉得这个人太可惜了，或者竟弄到自杀。我又看着他找这样一个人做伴侣，怕他将来苦痛更无限，所以想对于那个人当头一棒，盼望他能有觉悟，免得将来把志摩累死，但恐不过是我极痴的婆心便了。

陈独秀和《新青年》杂志
——敢与旧世界决裂的闯将

> 人生如逆水行舟，不进则退，中国之恒言也。自宇宙之根本大法言之，森罗万象，无日不在演进之途，万无保守现状之理。
>
> ——陈独秀《敬告青年》

辛亥革命失败之后，中国那些激进的民族主义知识分子向往已久并为之奋斗过的共和政体流产了。为了复辟帝制，袁世凯极力推崇封建纲常名教，祭天祀孔的乌烟瘴气笼罩着神州大地，封建皇帝的幽灵为何驱之不散？

1915年9月15日，正当黄浦江上空乌云密布，复辟思潮甚嚣尘上，袁世凯大做皇帝美梦之时，喧闹的大上海，突然出现了一本全新刊物——《青年》杂志，它被人们比作"像春雷初动"，"惊醒了整个时代的青年"。它的问世，在古老的中国擂响了思想解放运动的战鼓，吹响了新文化运动的号角！它的创办人是陈独秀。

这份杂志甫一出版，即引起轰动，陈独秀在创刊词《敬告青年》中说：

青年如初春，如朝日，如百卉之萌动，如利刃之新发于硎，人生最可宝贵之时期也。青年之于社会，犹新鲜活泼细胞之在人身。新陈代谢，陈腐朽败者无时不在天然淘汰之途，与新鲜活泼者以空间之位置及时间之生命。人身遵新陈代谢之道则健康，陈腐朽败之细胞充塞人身则人身死；社会遵新陈代谢之道则隆盛，陈腐朽败之分子充塞社会则社会亡。

陈独秀在文章开头，将青年对社会的作用比作新鲜细胞对人体的作用。人体需要进行新陈代谢，才会保持健康，社会也要不断发展和变革才会进步。而青年就是推动社会变革的中坚力量，青年应该像新鲜细胞取代陈腐细胞那样，取代社会上的老朽落后者，使社会获得新生。

但是陈独秀接着又说，当下的中国，"青年其年龄或身体，而老年其脑神经者十之九焉"，意思是说，虽然青年们的身体是年轻的，但脑中的思想、所怀的抱负仍然深受几千年来的封建传统所禁锢，与那些"陈腐朽败者"是一丘之貉。还有很多青年畏惧保守势力的强大，不敢去批判，去抗争。

因此，陈独秀对青年提出了六点希望，他希望青年们是自由的而非奴隶的、进步的而非保守的、进取的而非退隐的、世界的而非锁国的、实利的而非虚文的、科学的而非想象的。这六条意见可以解析为：向往自由、追求进步、积极入世、放眼世界、现实理性、相信科学。

《敬告青年》一文是陈独秀发动新文化运动的宣言书，贯穿于六项标准中的一条红线就是科学与民主，科学与民主是检验政治、法律及社会风俗、人们日常生活的准绳。科学与民主的思想在他那热情洋溢的笔端奔腾澎湃，从这时开始，民主和科学的口号在中国大地上吹响，成为新文化运动的号角。

这篇文章充分表达了"五四"时期的启蒙主义知识分子改造国民性的思想主张，以科学与民主的思想警醒了被束缚于封建桎梏中的一代青年。

《新青年》的创刊，犹如一道霞光，照亮古老中国黑暗的天空，亦如一声惊雷，震醒了古老的中国大地。

《新青年》的问世，如一石激起千层浪，在中国的思想界产生了极大的影响。陈独秀的名字也随着《新青年》传遍了神州大地。

《新青年》敏锐地抓住时代的脉搏，指引着时代前进的方向，培育了整整一代青年。陈独秀因此名垂史册。

中华人民共和国的开创者之一毛泽东，早在西北的窑洞里领导中国革命时，就对第一个采访他的外国记者埃德加·斯诺说：青年时代与陈独秀结识，是"我一生转变的原因"。他还说，早在湖南长沙师范学校做学生时，"有很长一段时间，每天除上课、阅报以外，看书，看《新青年》；谈话，谈《新青年》；思考，也思考《新青年》上所提出的问题"。

陈独秀，1879年10月9日（清光绪五年）出生在安徽省安庆市。早年求学于求是书院（浙江大学前身），开始接受近代西方思想文化。1901年留学日本。1913年参加讨伐袁世凯的"二次革命"，失败后被捕入狱，出狱后于1914年到日本，帮助章士钊创办《甲寅》杂志。1915年9月，在上海创办并主编《青年》杂志，一年后改名《新青年》。1917年初，《新青年》编辑部迁到北京，并于第4卷第一号（1918年1月）起改版，改为白话文，使用新式标点，带动其他刊物形成了一个提倡白话文运动。十月革命后，《新青年》成为吹响五四运动的号角，成为宣传马列主义、宣传反帝反封建思想的阵地。

1919年1月15日，陈独秀在《新青年》杂志上发表文章《〈新青年〉罪案之答辩书》，第一次明确提出了"德先生"和"赛先生"两个名词：

反对《新青年》的人，无非是因为我们破坏孔教，破坏礼法，破坏国粹，破坏贞节，破坏旧伦理，破坏旧艺术，破坏旧宗教，破坏旧文学，破坏旧政治，这几条罪案。

这几条罪案我们直认不讳。但是只因为拥护那德莫克拉西（Democracy）和赛因斯（Science）两位先生，才犯了这几条滔天的大罪。要拥护那德先生，便不得不反对孔教、礼法、贞节、旧伦理、旧政治。要那赛先生，便不得不反对旧艺术、旧宗教。要拥护德先生，又要拥护赛先生，便不得不反对国粹和旧文学。

西洋人因为拥护德、赛两先生，闹了多少事，流了多少血，德、赛两先生才渐渐从黑暗中把他们救出，引到光明世界。我们现在认定只有这两位先生，可以救治中国政治上、道德学术上、思想上一切的黑暗。若因为拥护这两位先生，一切政府的迫压，社会的攻击笑骂，就是断头流血，我们都不推辞。

《新青年》旗帜鲜明地提出了两大口号，一曰"德先生"，一曰"赛先生"。这两个亲切而生动的名字，分别从英文Democracy（民主）和Science（科学）的发音而来，并且蕴涵着以之为师的含义。

从此，在"民主"和"科学"两面旗帜下，先进的知识分子向当时尊孔复古的思潮进行猛烈轰击，从而揭开了一场思想启蒙运动——新文化运动的序幕。

早期的陈独秀，思想比较激进，异常推崇英、美、法式的资产阶级民主，并以此作为反对中国封建主义的利器。他像西方17、18世纪的启蒙思想家一样大声疾呼，要求个性解放，他在《敬告青年》里对青年们提出的第一条要求就是"自由的而非奴隶的"，倡导自由、平等、人权。他认为西方社会之所以进步，是因为西方民族是"彻头彻尾的个人主义民族"，享有思想言论自由，法律面前人人平等，个人权利载入宪章，国法不可剥夺等。

陈独秀是五四运动"科学"与"民主"两面大旗的倡导者和推动者，是"五四运动"的总司令，创造了一个争取民主与科学历史任务的新时代。

陈独秀理想中的"新青年"形象，与梁启超在20世纪初构建的"新民说"有历史传承之处，在20世纪初期到五四运动之前这段沉闷的政治环境里，当一代青年处在徘徊不前之际，陈独秀为大家注射了一针兴奋剂，引导青年们迈开思想解放的步伐，并将思想解放的锋芒直指伦理领域。

政治觉悟源于伦理觉悟，主张共和，就不能推崇孔教，孔教的核心是三纲五常，强调尊卑、阶级，近现代以来，孔教早已成为"失灵之偶像，过去之化石"。真正觉醒的青年，就要同传统儒家礼教决裂。因为"民主共和的国家组织、社会制度、伦理观念，和君主专制的国家组织、社会制度、伦理观念全然相反——一个是重在平等精神，一个是重在尊卑阶级，千万不能调和的。若是一面要行共和政治，一面要保存君主时代的旧思想，那是万万不成的"。

陈独秀的革命思想以今天的眼光来看，具有激进性，对当时的青年和普通民众不啻一记当头棒喝。他在《偶像破坏论》一文中表达了破除一切旧习俗、旧观念、旧势力的坚定信念。君主、国家、宗教、礼教，等等，都是陈独秀反对的对象，集传统偶像批判者、传统观念反叛者和反对君主制、反国家的无府主义者多重身份于一身，是一个颠覆一切旧传统、旧思想的革命家。

轶闻

1927年4月末，中共第五次全国代表大会在当时的革命中心武汉召开。大会选举的29名中央委员中，有三名是同一家人，这就是陈独秀与他的两个儿子：陈延年和陈乔年。陈延年当选中央政治局候补委员时不到29岁，陈乔年当选中央委员时只有25岁。

陈延年和陈乔年出生于安徽省安庆市。陈独秀把《新青年》编辑部迁回上海后，也把他们接到上海求学，二人双双考取了震旦大学（复旦大学前身）。但陈独秀不让他俩回家过平稳、依赖的生活，要求两兄弟勤工俭学，学会独立、劳动、吃苦。

兄弟俩感情很好，几乎形影不离，白天一起读书打工，夜间就借宿于《新青年》发行所的地板上。有时在回来的路上，突遇狂风暴雨而无处躲避，哥哥延年就把弟弟乔年搂在怀里为他遮风挡雨。兄弟俩常常就着咸菜吃大饼，喝自来水，生活十分清苦。

在艰苦的环境里，兄弟二人培养起自强、倔强的个性。1919年，兄弟俩留学法国，在那里接触了共产主义思想，成长为坚定的共产主义战士。

"四·一二"反革命政变后，陈延年被捕。1927年7月4日深夜，陈延年在刑场浩气凛然，刽子手按他下跪，他傲然而立，并说革命者决不下跪，只有站着死，没有跪着生。众刀斧手硬是以乱刀将陈延年砍死。

1928年，由于叛徒告密，陈乔年被捕。6月6日，陈乔年在上海龙华枫林桥畔英勇就义。牺牲前，监狱中的战友为他即将被杀害而难过。陈乔年却乐观地说："让我们的子孙后代享受前人披荆斩棘的幸福吧！"

五四运动浮雕

胡适和《文学改良刍议》
——白话文运动的吹鼓手

有人对你们说："牺牲你们个人的自由，去求国家的自由！"我对你们说："争你们个人的自由，便是为国家争自由！争你们自己的人格，便是为国家争人格！自由平等的国家不是一群奴才建造得起来的！"

——胡适《介绍我自己的思想》

对绝大多数中国人来说，胡适这个名字是和白话文运动联系在一起的。

人们一提起五四运动，就会联想到文学革命；一提起文学革命，就会联想到白话文运动；一提起白话文运动，就会联想到胡适和他的那篇《文学改良刍议》。他是发起白话文运动的先驱，从那之后，中国人逐渐摆脱了文言文的束缚，采用了"我手写我口"的现代语体文。

胡适（1891—1962），安徽省徽州绩溪人，是第一位提倡白话文、新诗的学者。1916年，胡适把他对文学革命的看法，具体概括为八项主张寄予陈独秀，在陈独秀的"详其理由，指陈得失"的建议下，胡适最终将八事"衍为一文"，这就是被陈独秀称为"今日中国之雷音"的《文学改良刍议》。

吾以为今日而言文学改良，须从八事入手。八事者何？

一曰，须言之有物。二曰，不摹仿古人。三曰，须讲求文法。四曰，不作无病之呻吟。五曰，务去滥调套语。六曰，不用典。七曰，不讲对仗。八曰，不避俗字俗语。

从这八条论点来看，一、二、四是"精神上之革命也"，三、五、六、七、八则为"形式上之革命也"。

在精神层面，胡适希望青年们不要发牢骚之音，而要奋发有为，在国家患难之际，努力唤醒民众。他还用进化论思想喊出了具有拓荒意义的"一时代有一时代之文学"的口号，打破了中国人厚古薄今的迷信，进而提出了"今日之中国，当造今日之文学"的观念，这样才能使中国文学上升到世界第一流文学的地位。

在形式层面，胡适倡导青年们应该抛弃陈词滥调，"不用典""不讲对仗""不避俗字俗语"，以自身亲见亲闻叙述现实经历。另外，胡适通过梳理中国白话小说、话本等通俗文学的历史，认为之后白话文将是中国文学的正宗。

一九一六年以来的文学革命运动，方才是有意的主张白话文学。这个运动有两个要点与那些白话报或字母的运动绝不相同。第一，这个运动没有"他们""我们"的区别……第二，这个运动老老实实的攻击古文的权威，认他做"死文学"……古文死了二千年了，他的不肖子孙瞒住大家，不肯替他发丧举哀，现在我们来替他正式发讣文，报告天下"古文死了！死了两千年了！你们爱举哀的，请举哀吧！爱庆祝的，也请庆祝吧！"（胡适《五十年来中国之文学》，1922 年）

人家都说胡适之所提倡不过是文体革命而已，这话也不错。我们当初所以能够成功，所以能够引起大家注意，就是我们那时认清楚了，这个文学的革命最重要的是文体的解放，把死的文字放弃了，采用活的文字。

这个文体的革命是文学革命最重要最重要的一点。我们抓住了这一点不讲别的，不讲内容，什么内容也不谈，最重要的即先做到文体的革命。这的确不错的。

但是，除了文体之外也曾经讨论过（见之于文字的），除了白话是活的文字活的文学之外，我们希望两个标准：第一个是人的文学；不是一种非人的文学；要够得上人味的文学。要有点儿人气，要有点儿人格，要有人味的，人的文学。第二，我们希望要有自由的文学。文学这东西不能由政府来指导。（胡适《中国文艺复兴运动》，台北胡适纪念馆出版，1970 年）

陈独秀为了支持胡适的白话文运动主张，立刻在1917年2月的《新青年》上发表《文学革命论》，直接站出来为胡适摇旗呐喊，在文章中总结提出白话文运动的三大主张：

"推倒雕琢的、阿谀的贵族文学，建设平易的、抒情的国民文学。"

"推倒陈腐的、铺张的古典文学，建设新鲜的、立诚的写实文学。"

"推倒迂腐的、艰涩的山林文学，建设明了的、通俗的社会文学。"

白话文运动源自当时的知识分子对"言文一体"的要求。文言文作为旧文学工具，已不合时宜，不能适应新时代及报章杂志的需要。加上西方新学的刺激，一切新学术新思想，必须以一种新文体方能表达流畅。因此有识之士鼓吹白话文，以普及和开放教育，改进民智。而清末废除科举，兴办学校，推行"国语运动"，也加速了白话文和新文学运动的开展。胡适和陈独秀对白话文运动的大力倡导，正适应了当时的国内情势。

这场白话文运动，在1917年，还没有形成如火如荼之势，只有理论，还没有什么人利用白话文进行实践和创作，而当时的文言文保守派势力也很强大，如章士钊、林纾、黄侃等人，都是有影响力的人物，他们极力攻击白话文破坏了中国数千年来的美文传统，是市井之语，显得粗俗不堪。

章士钊曾做过段祺瑞执政府的教育和司法部部长，自创《甲寅》杂志，这是一个反对白话文运动的舆论阵地。他经常撰文批判、攻击白话文和新文学，有时批判的矛头直指胡适，要求胡适与之对战，胡适却以退为进，认为章士钊的文章不值一驳，拒不应战。

　　几年后，在一次宴会上，章士钊和胡适偶遇，两人合影一张，各自题诗一首，章士钊采用白话文："你姓胡来我姓章，你讲什么新文学，我开口还是我的老腔；你不攻来我不驳，双双并坐各有各的心肠！将来三五十年后，这个相片好做文学纪念看。哈，哈，我写白话歪词送把你，总算是俺老章投了降。"胡适用七言绝句体作诗如下："但开风气不为师，龚生此言吾最喜。同是曾开风气人，愿长相亲不相鄙。"两人互换文体，倒是有趣。

　　章士钊虽在诗中说"投降"，但只是玩笑之语，其后他依然撰文攻击白话文和其支持者如陈源、梁启超、梁漱溟、胡适等人。胡适却没有再忍下去，很快在《京报副刊》上发表短文《老章又反叛了！》，披露章士钊题写在相片上的"白话歪词"，指责章是个"不甘心落魄"的"时代落伍者"，并断言道："今日一部分人的谩骂也许赶得跑章士钊君；而章士钊君的谩骂，决不能使陈源胡适不做白话文，更不能打倒白话文学的大运动。"胡适还对章的假作投降进行了风趣的回击："我的'受降城'是永远四门大开的。但我现在改定我的受降条例了：凡自夸'摈白话弗读，读亦弗卒'的人即使他牵羊担酒，衔璧舆榇，捧着'白话歪词'来投降，我决不收受了！"

1918年后，随着白话文学的尝试和实践，白话文运动逐渐向大众铺开，越来越多的人开始尝试采用白话文进行写作。

1920年，胡适出版了《尝试集》，这是新文化运动期间第一篇以白话写成在《新青年》杂志上发表的诗集，也是中国现代文学史上第一部白话诗集，开新文学运动之风气，问世以来引起文学界、理论界的广泛争论。为什么会引起争议，这需要从诗集本身说起。我们选取两首《尝试集》中的现代诗看一看：

蝴蝶

两个黄蝴蝶，双双飞上天。

不知为什么，一个忽飞还。

剩下那一个，孤单怪可怜。

也无心上天，天上太孤单。

希望

我从山中来，带着兰花草，

种在小园中，希望开花好。

一日望三回，望到花时过，

急坏种花人，苞也无一个。

眼见秋天到，移花供在家，

明年春风回，祝汝满盆花。

胡适还写过一首关于文字方面的白话打油诗："文字没有雅俗，却有死活可道。古人叫做欲，今人叫做要；古人叫做至，今人叫做到；古人叫做溺，今人叫做尿；本来同一字，声音少许变了。并无雅俗可言，何必纷纷胡闹？至于古人叫字，今人叫号；古人悬梁，今人上吊；古名虽未必佳，今名又何尝少妙？至于古人乘舆，今人坐轿；古人加冠束帻，今人但知戴帽；若必叫帽作巾，叫轿作舆，岂非张冠李戴，认虎作豹？"

可以说，胡适的新诗还处于从旧体诗到现代诗的转变途中，体例仍然采用了五言格式，文字则比较俚俗，缺乏韵味。

胡适的《尝试集》在文学上的意义不大，艺术价值不高，但却具有历史价值，一定程度上体现了当时的旧文人在向新时代文人转变过程中的蹒跚和纠结。胡适作为白话新诗运动的打头阵人物，体现了先驱者们破旧立新、勇于探索的自由开拓精神。这些诗文字简单，但文中却蕴含着一种长久以来旧文学所缺少的自由气息，为以后中国现代诗的发展开辟了道路，是中国现代新诗的起点。

以陈独秀、李大钊、胡适、鲁迅、钱玄同、刘半农等为首的《新青年》同仁，通过自己的撰文呼吁和创作，推动白话文运动从理论变为了现实。

需要注意的是，《新青年》阵营中的作家，往往具有一定的旧文学功底，在接受了西式教育后，对中国传统文化进行反思，才大力提倡白话文。但让他们作古文，不一定比旧学家差。而他们在文学方面的造诣，也绝非现代只会白话文的作家能够比肩的。

1920年2月2日，北洋政府教育部发布第53号训令《通令采用新式标点符号文》，中国第一套法定的新式标点符号从此诞生。1920年4月，教育部又发一个通告，明令国民学校其他各科教科书，亦相应改用语体文。从此，白话文占据教育这块高地，白话文运动取得了阶段性胜利。

不过，白话文运动的主张也并非都是正确的，比如，钱玄同甚至主张废除汉字汉语，将其"拉丁化"。而陈独秀、胡适则主张废除汉字。这种主张明显是全面否定了中国文化和文字存在的意义，陷入矫枉过正的迷途。如果中国人不说中国话，不写中国字，完全模仿西方，那这样的民族即使延续下去，又凭什么来说明自己是中华民族呢？

我们今天回顾一个世纪前的那场文学变革，需要考虑到当时的社会背景，用鲁迅的一个比喻来说，就是在中国想开一个天窗，就必须拿出要把屋顶掀翻的气势才行。中国的文化积淀太深、太普泛，积重难返，每一点微小的变革都需要使出极大的力气牵动中国这辆沉重的马车才能使其前进一小步。所以，在那个时代，陈独秀等人的思想略有偏激，也是符合当时的时势的。

到今天，白话文已在文学作品和一般学术著作的范围内取得了合法的、正统的地位。而文言文日益消沉，没有几个人会写了。汉字也经过了几轮的简化，中国民众识字率达到了历史新高，文化得到了全面的普及。但如今的青年们在面对古文典籍时，难免会感到一种深深的隔膜。虽然中国经济发展迅速，人民生活得到改善，却已经没有多少年轻人会写毛笔字了。

当务之急，是发扬中国文化中的精粹，不论是中国的、外国的，只要是对我有用的，都可以拿来为我所用，推陈出新，让我们的文化焕然一新。

我们回望一个世纪前的白话文运动，也不是要继承当时的人们的片面观点，一味学习西方而丢失了自己。真正的新生，是自身文化在新形势下的自我淬炼、自我更新，只有这样，才能使中华文化保持自身的独特性，屹立于世界民族文化之林。

轶闻

黄侃（1886—1935），著名语言文字学家，字季刚，湖北省蕲春县人。20世纪有不少著名学者都是其门生弟子，如杨伯峻、程千帆、陆宗达、黄焯等。

黄侃是章太炎最得意的弟子，言辞犀利，人称"黄疯子"。与辜鸿铭一样属于守旧派，向来看不惯胡适等一批新派人物的做法，一有机会便冷嘲热讽。

有一次，黄侃当面责难胡适："你口口声声要推广白话文，未必出于真心。"胡适不解其意，黄侃便说："如果你身

胡适

体力行，名字就该改为'往哪里去'才对，而不应叫胡适。"搞得胡适十分尴尬。

在一次宴会上，胡适与人谈起墨学滔滔不绝。黄侃听得不耐烦，突然在一旁骂道："现在讲墨子的，都是些混账王八蛋！"胡适假装没听见。黄侃见胡适不理会，又接着骂道："便是胡适之的尊翁，也是混账王八蛋！"胡适忍无可忍，指责黄侃不该骂他的父亲。黄却微笑着说："你不必生气，我是在试试你。墨子是讲兼爱的，所以墨子说他是无父的。你心中还有你父亲，那你就不配谈论墨子。"全座哄堂大笑，弄得胡适哭笑不得。

一次在课堂上，胡适大讲白话文的好处，有位同学不服气，就问，难道白话文一点缺点都没有吗？胡适说没有。这位学生反驳道："怎会没有呢，白话文语言不简洁，打电报用字就多，花钱多。"胡适说："不一定吧。要不我们做个试验。前几天，行政院有位朋友给我发信，邀我去做行政院秘书，我不愿从政，便发电报拒绝了。复电便是用白话文写的，而且非常省钱。同学们如有兴趣，可代我用文言文拟一则电文，看看是白话文省钱，还是文言文省钱。"

学生们纷纷拟稿，最后胡适从电稿中挑出一份字数最少且表达完整的，其内容是"才学疏浅，恐难胜任，恕不从命"，胡适说："这份电稿仅12个字，言简意赅，但还是太长了。我用白话文只需5个字：干不了，谢谢。"随后胡适解释道，

"干不了"，已含有才学疏浅、恐难胜任的意思，而"谢谢"，既有对友人费心介绍表示感谢，又有婉拒之意。同学们纷纷点头表示赞同。

以今天的观点来看，语言简练，并不在于是用白话文，还是用文言文，只要用字恰当，完整表达意思就是好的。胡适的"干不了，谢谢"这个回答虽则简练，但在人情方面尚欠通达。这几个字缺少事情的前因后果，相比文言文来说，不够严谨，而且字里行间也给人一种狂妄浮躁无诚意的感觉。文言文的"才学疏浅，恐难胜任，不堪从命"，既说明自身干不了的原因是才疏学浅，又用"恐"字表达谦虚之意，"不堪从命"则增加了对对方的尊敬，有一种不卑不亢、平静大方的态度，就与人交往之道而言，这个例子还是文言为佳。

鲁迅和《狂人日记》
——敢揭民族疮疤的大无畏精神

从那一回以后，我便觉得医学并非一件紧要事，凡是愚弱的国民，即使体格如何健全，如何茁壮，也只能做毫无意义的示众的材料和看客，病死多少是不必以为不幸的。所以我们的第一要著，是在改变他们的精神，而善于改变精神的是，我那时以为当然要推文艺，于是想提倡文艺运动了。

——鲁迅《〈呐喊〉自序》

鲁迅这个名字，大家都不陌生，中小学的课本上有很多鲁迅的小说和散文。他的文章，言辞犀利，思想深刻，但对中小学生而言，比较有难度，学起来很费劲。

很多学生对鲁迅的文章有很重的畏难情绪。但是，等他们长大成人后，重新审视鲁迅的文章，就会发现，鲁迅的小说和散文，或者是政论文，具有汪洋恣肆的语言风格和对世情的深刻洞察，才会发现鲁迅作为一个文学革命家，其作品具有非常深刻的社会意义和文学价值，他的文章永远不会过时，永远像一根刺，直刺国民的弱点，催人上进和奋起。

鲁迅（1881年－1936年），原名周树人，字豫山、豫才，浙江绍兴人，20世纪中国的重要作家，新文化运动的领导人、白话文运动的支持者，中国现代文学的开山巨匠。毛泽东评价鲁迅为伟大的无产阶级文学家、思想家、革命家。

鲁迅小时，父亲就得病了，所以他决定长大后要当一名医生。后来，父亲因为庸医不能及时医治而病故，造成他对中医有所怀疑。1902年2月，21岁的鲁迅赴日本，先入东京弘文学院学习日语，两年后（1904年9月赴仙台）进入仙台医学专门学校学习现代医学。

在医校学习一年以后，鲁迅便从学校退学。他在《藤野先生》一文中提及此事，称自己是因为受到一部日俄战争的纪录片的刺激，看到中国人给俄国人做侦探而被日本军逮捕要枪毙，一些中国人却麻木地在场围观，于是认为"救国救民需先救思想"，于是弃医从文，希望用文学改造中国人的"国民劣根性"。而鲁迅真正走上用白话文进行文学写作的道路，进而成为新文化运动的先驱者和文学家，最开始要归因于钱玄同。

钱玄同是1908年在日本留学时认识鲁迅的，他们都是章太炎的学生，每星期去听太炎先生的课。许寿裳在《亡友鲁迅印象记》第七章"从章先生学"中回忆说："谈天时以玄同说话为最多，而且在席上爬来爬去。所以鲁迅给玄同的绰号曰'爬来爬去'。"鲁迅在致周作人的信中，也戏称钱玄同为"爬翁"。

回国后，鲁迅应蔡元培之邀，在教育部任职，钱玄同则在北大教学。

1917年1月，陈独秀出任北大文科学长，将《新青年》由上海带至北京。陈独秀钦慕鲁迅的名声，试图拉他加入《新青年》的行列，壮大《新青年》的写作队伍。而极力为《新青年》摇旗呐喊的钱玄同便自告奋勇，前去邀请鲁迅写文。钱玄同在《我对周豫才君之追忆与略评》中写道：

> 我因为我的理智告诉我，旧文化之不合理者应该打倒，文章应该用白话做，所以我是十分赞同仲甫（陈独秀）所办的《新青年》杂志，愿意给它当一名摇旗呐喊的小卒。我认为周氏兄弟的思想，是国内数一数二的，所以竭力怂恿他们给《新青年》写文章。民国七年一月起，就有启明的文章……但豫才尚无文章送来，我常常到绍兴会馆去催促，于是他的《狂人日记》小说居然做成而登在四卷第五号了。自此以后，豫才便常有文章送来，有论文、随感录、诗、译稿等，直到《新青年》第九卷止。

当时，鲁迅还在绍兴会馆内抄写古碑文。这段时期，鲁迅处于思想苦闷中，对社会变革感到失望。而钱玄同来催稿的事，鲁迅在《〈呐喊〉自序》中有特别形象的描写：

那时偶或来谈的是一个老朋友金心异（钱玄同），将手提的大皮夹放在破桌上，脱下长衫，对面坐下了，因为怕狗，似乎心房还在怦怦的跳动。

"你抄了这些有什么用？"有一夜，他翻着我那古碑的钞本，发了研究的质问了。

"没有什么用。"

"那么，你抄他是什么意思呢？"

"没有什么意思。"

"我想，你可以做点文章……"

我懂得他的意思了，他们正办《新青年》，然而那时仿佛不特没有人来赞同，并且也还没有人来反对，我想，他们许是感到寂寞了，但是说："假如一间铁屋子，是绝无窗户而万难破毁的，里面有许多熟睡的人们，不久都要闷死了，然而是从昏睡入死灭，并不感到就死的悲哀。现在你大嚷起来，惊起了较为清醒的几个人，使这不幸的少数者来受无可挽救的临终的苦楚，你倒以为对得起他们么？"

"然而几个人既然起来，你不能说绝没有毁坏这铁屋的希望。"是的，我虽然自有我的确信，然而说到希望，却是不能抹杀的，因为希望是在于将来，决不能以我之必无的证明，来折服了他之所谓可有，于是我终于答应他也做文章了，这便是

044

最初的一篇《狂人日记》。从此以后，便一发而不可收，每写些小说模样的文章，以敷衍朋友们的嘱托，积久了就有了十余篇。

《狂人日记》发表于1918年5月《新青年》第四卷第五号。首次采用了"鲁迅"这一笔名。这是中国第一部现代白话文小说，对"吃人"的封建礼教进行了猛烈的抨击。

这篇小说在正文开始前用文言文写了一小段话，类似楔子，讲述正文中主角"狂人"的一些轶闻。正文由13段狂人的日记组成，采用白话文第一人称，是一篇经过巧妙构思，结构谨严，布局精妙的心理小说，以一个"受迫害狂"患者作为主人公，以狂人的病情和意识的流动作为具体的内容，通过对其精神状态和心理活动的描写，揭露了当时中国从社会到家庭普遍存在的"吃人"现象，借狂人的口抒发了作者对中国"吃人"的封建礼教的揭露和颠覆。"吃人的礼教"一语，就是从这篇小说来的。

凡事总须研究，才会明白。古来时常吃人，我也还记得，可是不甚清楚。我翻开历史一查，这历史没有年代，歪歪斜斜的每页上都写着"仁义道德"几个字。我横竖睡不着，仔细看了半夜，才从字缝里看出字来，满本都写着两个字是"吃人"！

书上写着这许多字，佃户说了这许多话，却都笑吟吟的睁着怪眼看我。

我也是人，他们想要吃我了！

狂人实际上是一个敢于向传统挑战的已经觉醒的知识分子形象，一个敢于向现实的世俗社会挑战的清醒的反封建的民主主义者的象征形象。鲁迅对当时社会上满嘴仁义道德，实际上虚伪至极的现实非常不满，他借狂人之口，将这个黑暗的社会赤裸裸呈现在众人面前，警醒人们反思自身。

《狂人日记》作为新文化运动中第一篇白话小说，具有非常高的艺术价值。它不同于明清时期传统的通俗白话小说，带着时下流行的新鲜元素，比如采用了日记体、第一人称、象征主义手法、"喻热于冷"的表现风格，这些都是传统白话小说所不具有的。可以说，这是一次外国小说写作特点与中国小说写作特点相结合的完美尝试。

作为刊登这篇小说的《新青年》杂志，也通过对《狂人日记》的宣扬，带动了当时一批先进知识分子对封建礼教的揭露，对国人麻木愚昧的批判，而《狂人日记》也在时代中留下了鲜明的烙印，成为中国新文学革命的驱动力之一部分。《狂人日记》被推至中国第一篇白话小说之位，《新青年》功不可没。

这之后，鲁迅陆陆续续发表了一些小说和杂文，比如《阿Q正传》《药》《孔乙己》等，都获得了很好的社会影响。

鲁迅虽然挑起了白话文运动的大旗，甚而写文诅咒那些反对、妨碍白话文运动的，但他自己却从未停止使用文言。早期和中期，他都有用文言文写成的文章。他写旧体诗，其艺术成就亦是很高，即使放到唐宋诗集中，也不会觉得逊色。这种现象，初看会略感怪异，但细究起来，就会发现鲁迅本人对文言和白话，都抱持着极为深刻的理解。他深知"写什么"与"怎么写"，必然带动语言、文体的种种差异和微妙选择：有些文章适宜采用白话，甚至大胆杂以方言和口语（如《呐喊》《彷徨》中的许多段落），有些则必须采用文言（如他晚年写给友人的墓志铭，其文采用白话写是不可想象的）。

作为卓越的文学家，鲁迅在对待文言和白话的问题上，具有超前的敏感和洞察。他站在五四运动和新文学运动的立场上，自然赞成白话文的语言变革，以达到解放青年思想的目的。但他自己则始终遵循文体对语言的要求，不在文言和白话之间做简单抉择，也不理会文言和白话论争的"政治正确"，而是明察文白两种语体各自的优劣、限制，以不同的语体和文风，表达不同的内容。五四一代写家，文白兼顾、文白俱佳，鲁迅无疑是第一人。

胡适提出过"以白话文为正宗"的口号。"正宗"一词，有权力与等级的概念。文言不是正宗，白话未必就能自诩正宗。一旦用白话强行取代文言，白话俨然就变成了新的语言专制。胡适说白话是"活的语言"，但文言在漫长的历史中也一直是"活的语言"，不然中国几千年的历史岂能有璀璨的文学？当白话文一旦建立话语权势，并全盘否定文言存在的价值，那么文言曾经具有的专制性格，就移入白话阵营，建立了新的专制。

轶闻

钱玄同与鲁迅曾经一起师从章太炎，又一起在《新青年》共同战斗，两人的友谊是很深的。从之后的文学发展史来看，钱玄同确实慧眼识英雄，一拉就拉来个"新文化运动的旗手"。

然而到了1926年，鲁迅撰文对顾颉刚的《古史辩》进行抨击。顾颉刚《古史辩》得到过钱玄同的提携，因此鲁迅所抨击的对象就包括了钱玄同，他们之间逐渐产生了嫌隙，两人渐行渐远。

年少气盛时的钱玄同曾有一个非常激烈的观点，认为上了40岁的人都应该除掉，以符合吐故纳新的辩证法规律。当钱玄同年届四十未见"自杀"时，鲁迅便赠诗一首以"幽默"之："作法不自毙，悠然过四十，何妨肥猪头，抵挡辩证法。"诗中用"肥猪头"挖苦钱玄同长得胖，未免"损"了一点。

1936年10月24日，鲁迅逝世后第五天，钱玄同撰《我对周豫才君之追忆与略评》一文，回忆了与鲁迅的交往，并谈了自己对鲁迅的评价。他认为：

鲁迅的长处有三：一、他治学最为谨严，无论校勘古书或翻译外籍，都以求真为职志；二、治学是他的兴趣，绝无好名之心，有时甚至都不署自己的名字，而署弟弟的名字；三、他读史与观世，有极犀利的眼光，能抉发中国社会的痼疾，如《狂人日记》《阿Q正传》《药》等小说及《新青年》中他的《随感录》所论述的皆是。这种文章，如良医治病，作对症下药之根据，于改革社会是有极大用处的。

鲁迅的短处也有三：一、多疑，他往往听了人家几句不经意的话，以为是有恶意的，甚而至于以为是要陷害他的，于是动了不必动的感情；二、轻信，他又往往听了人家几句不诚意的好听话，遂认为同志，后来发现对方的欺诈，于是由决裂而至大骂；三、迁怒，譬如说，他本善甲而恶乙，但因甲与乙善，遂迁怒于甲而并恶之。

在这三个方面的短处中，至少"多疑"与"迁怒"是可以用来解释鲁迅与钱玄同化友为敌的主要原因的。

钱玄同说他对鲁迅的批评，是基于他与鲁迅交往的事实，除此之外，"我都不敢乱说"。

钱玄同和五四那代人中的陈独秀等人相似，评人论事，不挟私见，力求公允，正所谓"爱而知其恶，恶而知其美"。

钱玄同之子即中国著名的物理学家钱三强。

蔡元培和他的北大
——兼容并包、中正平和的人格魅力

　　诸位来北大求学必有一定宗旨，要求宗旨正大，必先知大学性质，我以为大学者研究高深学问者也，大学学生当以研究学术为天职，不当以大学为升官发财之阶梯。

——蔡元培北大就职演说

　　北京大学，多少莘莘学子梦寐以求的地方。100年来，它不仅为中国培养了众多的人才，更以五四运动的发祥地、新文化运动的中心、马克思主义在中国传播的最初阵地而载入史册。北大赢得如此声誉，和蔡元培是分不开的。

　　当时的北京大学位于北京景山东街，1898年12月初创，名叫京师大学堂，是名满中国的最高学府，也是中国最高的教育行政机关。辛亥革命后，效仿西方教育制度，于1912年改名为北京大学。虽说校名改了，可是换汤不换药。这所当时全国最

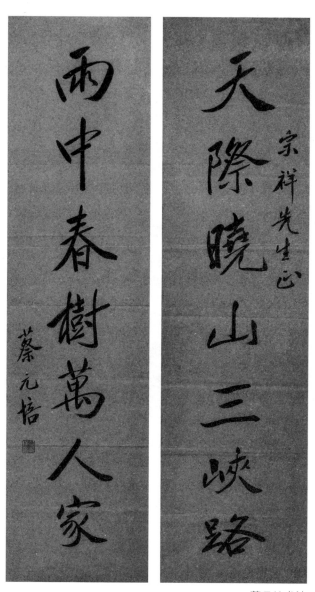

天際曉山三峽路

雨中春樹萬人家

宗祥先生正

蔡元培

蔡元培书法

高学府仍然带有极浓重的封建色彩。封建官僚把持学校行政，教师大多出身于进士，学生多数是仕宦子弟，吃喝嫖赌，无所不好。

1917年1月4日，北京大学迎来了新校长——蔡元培，这一年，蔡元培50岁。在知天命之年，被委以校长之职，他满可以遵循前任校长的作风，这样必定稳妥不出问题，但是他没有这样做，蔡元培从接受任命那一刻开始，便决心要给中国一个全新的北京大学。

蔡元培第一天去北大时，校门口排了长长的队伍，校工们全都恭恭敬敬地向他敬礼。蔡元培一反之前历任校长目中无人、不予理睬的作风，取下头上的礼帽，非常郑重地向校工们回敬了一礼。这一举动震动了所有人，大家都感到不解和疑惑。要知道，北京大学的前身是京师大学堂，校长相当于政府的三品大员，而蔡元培还当过教育总长，相当于二品高官。大家都在观望蔡元培，不知道他还会作出什么举动。

随后蔡元培在就职演说中说：

诸位来北大求学必有一定宗旨，要求宗旨正大，必先知大学性质，我以为大学者研究高深学问者也，大学学生当以研究学术为天职，不当以大学为升官发财之阶梯。

这一宣言，表明了蔡元培决心彻底改变北大过去只求升官发财的学风的勇气，力图把北大改造为具有现代精神的大学。

　　蔡元培认为，学校若想改革，第一要改革学生的观念，而现代教育发展最重要最根本的精神，就在于学校首先要培养一种自由的精神，尤其是学术自由，它首先是要容纳一大批各个学科的大师级的学者，让他们都能自由发展。因此，蔡元培就任校长后做的第一件事就是聘请有真才实学的学者名流到北大，大家合心合力共同治理北大。

　　当时，陈独秀在上海创办的《新青年》在全国范围内掀起了一场以"启蒙和救亡"为主的新文化运动，蔡元培挑灯阅读《新青年》，被陈独秀敏锐的思想所折服，当即决定聘请陈独秀为北大文科（文学、哲学、历史各门）学长。蔡元培还亲自到前门一家旅馆拜访陈独秀，两人相见十分融洽。不到半个月，北大就向陈独秀发出了由北京政府教育总长签署的正式委任书。

　　北大是当时的最高学府，文科学长相当于后来的文学院院长，陈独秀来到北大，《新青年》编辑部便从上海迁移到北京。陈独秀又推荐好友，有名的文化界人士李大钊、胡适到北大任教。

　　在蔡元培的巨大努力下，北大文科形成了一支强大的阵容：

李大钊：北大图书馆主任

胡　适：文科教授兼文科研究所哲学门主任

钱玄同：文科教授兼国文门研究所教员

刘半农：文科教授

周作人：文科教授

沈尹默：文科教授

以上这些在中国现代史上赫赫有名的大学者都是《新青年》的主要编撰者。新文化运动的有名人士大多荟萃于北大文科，文学革命、思想自由的风气在北大大行其道。北大遂成为新文化运动的强大阵地。

蔡元培还请鲁迅重新设计了北大的校徽，这个校徽沿用至今。胡适被蔡元培聘为教授时只有26岁，碰巧蔡元培、陈独秀和胡适都属兔，分别是50、38、26岁，人称三代兔子党。蔡元培在聘用新人的同时，一些不学无术的教员纷纷被解聘，经过调整，全校两百多个教员中，教授的平均年龄只有33岁。

蔡元培主张"学术自由，兼容并包"的办学方针和"网罗众家"的原则。除了一大批新文化运动的倡导者云集北大外，他还留聘、新聘了一批学术造诣深厚但思想保守的教授。如辜鸿铭、刘师培、黄侃、崔适等。以他们为阵营，形成了北大的保守派营垒。

如果有人能够穿越回到1917年到1919年的北京大学，一定会发现这样的怪现象：教室的这边，目空一切的国学大师黄侃大谈魏晋文学；那边，新文化运动的"急先锋"钱玄同极力倡导白话文。黄侃在课堂上大骂钱玄同的观点荒谬不合古训，而在对面教室讲课的钱玄同毫不在乎照讲其现代白话。

民主自由的学风，一扫沉闷、颓废的旧习气，这时的北大，群星璀璨，人才辈出，一大批青年正在觉醒，努力探索着救国真理。北大成为全国青年向往的圣地，陈独秀成为名满京华的新文化运动的领袖。

北大有宽容之心，蔡元培有将将之才。北大经过短短两年的改革，就彻底改变了面貌，新派知识分子在北大越聚越多，新文化运动规模也越来越大。后人在书写蔡元培的传记时，常常这样评价蔡元培："他是新文化运动之父，他通过改变一所大学进而改变了一个民族！"

蔡元培在北大任校长期间，给师生心中种下读书爱国爱民和革命的种子。中国知识分子从官场走向学术殿堂，正是蔡元培在北大开风气之先。

这段时期，北大有条不成文的规定，允许校外生自由出入，旁听最高学府的课程。当时有个年轻人来到北京，在北大图书馆当助理馆员，常常跑去聆听陈独秀、李大钊等人讲授马克思主义。这就是未来中华人民共和国的缔造者之一毛泽东。他是经他的老师杨昌济的介绍来北大的。在这里，他结识了陈独秀和李大钊。

毛泽东第一次见到陈独秀时，曾这样对陈独秀说：

"湖南长沙的青年学生很爱读《新青年》，在它的影响下，长沙成立了新民学会。"

陈独秀听了非常高兴，说道："湖南人喜欢吃辣椒，提倡新文化，也是火辣辣的，好！好！"

1919年5月4日，北京，这一天发生了一件震动中国达半个世纪之久的事件——五四运动。五四运动后，北洋政府扬言解散北大。为了保全北大，保护学生，蔡元培愤而辞职，离开了北京。

1940年3月5日，蔡元培在香港病逝，终年72岁。

蔡元培的老友和北大同事陈独秀，在一篇追悼蔡元培的文章中说："五四运动，是中国现代社会发展之必然的产物，无论是功是罪，都不应该专归到那几个人；可是蔡先生、适之（胡适）和我，乃是当时在思想言论上负主要责任的人。"他评价蔡元培的人品气度：其一，他一生追求进步革新的人格魅力；其二，他博大的胸襟，容纳百川，不拒细流。

中国新文化运动的三位巨人中，陈独秀创办《新青年》，胡适提倡白话文，而蔡元培执掌北大改革教育，为新文化运动和五四运动提供了温床。

1977年6月，诗人余光中专门到香港蔡元培先生墓前吊唁。在纵横的坟墓间，蔡先生的坟墓早已被漫山的荒草掩盖，墓前一块小小的白石碑，上面孤零零刻着"蔡孑民先生之墓"七个红字，显得无比荒凉。

余光中静立良久，心中的慨叹化作一首诗——《蔡元培墓前》：

想墓中的臂膀在六十年前

殷勤曾摇过一只摇篮

那婴儿的乳名叫作五四

那婴孩洪亮的哭声

闹醒两千年沉沉的古国

从鸦片烟的浓雾里醒来

轶闻

清末民初，在倡言平等、自由的同时，一些开明人士中开始出现夫妻平等的新风。

1900年，蔡元培元配夫人王昭去世后，许多人来为他说媒，他主动向媒人提出男女婚姻绝对平等的五个条件：一、女子须天足；二、女子须识字；三、男方不娶妾；四、男死后女可再嫁；五、男女双方意见不合可以离婚。当时，这种"离经叛道""混淆纲常"的言论无异于在向封建陋俗开战。

后经人介绍，蔡元培与黄世振（仲玉）女士结为夫妻。黄女士不但天足、识字，而且工书画，孝于亲。在婚礼上，蔡元培回答他人提问时说道：男女之间，"就人格言，总是平等"，充分反映了他尊重妇女人格，提倡夫妻平等的思想。

1921年，夫人黄世振不幸病逝，出于家庭、工作的需要，蔡元培不得不续娶。这一次，他提出的条件是：一、原有相当认识；二、年龄略大；三、熟谙英文而能为研究助手者。这样，周峻（养浩）成了他的第三位夫人。

可见，在婚姻问题上，蔡元培始终坚持破除旧俗，树立新风，不愧为欲教人先正己的高尚人物！

李大钊
——早期马克思主义坚定的宣传战士

　　人生最有趣味的事情，就是送旧迎新，因为人类最高的欲求，是在时时创造新生活。

——李大钊《新纪元》

　　中共党史上，有两个人为中国共产党的创建建立了卓越的功勋，人称"南陈北李"，陈是指陈独秀，李是指李大钊。当时陈独秀在上海建立了党支部，李大钊则在北京建立了党支部，两个党支部都发挥了极大的作用。而两人都是新文化运动的旗手，可谓旗鼓相当。

　　李大钊（1889—1927），字守常，河北省乐亭县人。他是遗腹子，3岁丧母，没有兄弟姐妹，由爷爷抚养长大。李大钊从小聪敏好学，4岁开始认字，6岁就已经把《三字经》和《千字文》学完了。

1913年，李大钊留学日本，进入著名的早稻田大学，学习政治本科。当时中国人看到日本学习西方的政治经济制度迅速强大起来，于是，便有一批仁人志士赴东瀛求学，希冀找到富国强兵的救国良方。李大钊便是其中之一。

虽然日本侵略中国为祸最烈，不过中国留学生仍然在那里接触到先进的文化。中国的思想先驱最先看到的马列主义著作，也是日文的译本。李大钊亲眼所见日本这个生产力发达的国家，回想起神州故园遭受的悲惨境遇，忍不住痛心疾首。他广泛接触各种先进的社会思想，对马列主义抱有深刻的认同。

回国后，虽然李大钊完全有条件跻身上层，当官发财，享受荣华富贵，但他却甘心舍弃一切，宁愿奉献自身，也要点燃革命烈焰改造旧社会的一切，这种奉献精神就如希腊神话中点燃火种的普罗米修斯一样令人敬佩。

1916年李大钊回国，担任《晨钟报》主编。1918年任北京大学图书馆主任，并参与编辑《新青年》。而促成此事的，便是陈独秀。

陈独秀当时因主持《新青年》，缺少志同道合的精神上的朋友，便想拉上李大钊共同做事。1915年，章士钊转给他一篇李大钊的题为《厌世心与自觉心》的文章。这篇文章文笔老练，见解深刻，是专门为了反驳1914年陈独秀发表的《爱国心与自觉心》而作。陈独秀仔细阅读，不禁为文章所表达的观点和文采折服，他决定面见李大钊，会一会这个敢于向他挑战的年轻人。

此时的李大钊，还在日本，而国内袁世凯正准备复辟帝制，蔡锷已在云南发起讨袁护国运动，在东京的李大钊毅然回国，准备参加讨袁运动。

就这样，李大钊与陈独秀，两个对中国命运起过重大作用的人，在上海见面了。

陈独秀早已经在内心接受了这个比自己小10岁的年轻人。他的同盟者，志同道合的文友太少了，他想让李大钊留下来，和他共同筹划《青年》杂志，可是，他又不便直说，只好婉转地询问："你什么时候毕业回国呢？"

"还有一年，写出学术论文，答辩一结束，即可回国参战。"李大钊回答。

"那么，你在写作学位论文的同时，可否对国内思想疆场上的战斗策应一下？"陈独秀试探着问。

"当然可以，我想为青春中国的诞生高声呐喊，策应您即将开始的革命事业。"李大钊坚定表示。

那段时间，只要有时间，李大钊就到陈独秀那里，共同研究策划新文化运动。他在《新青年》上发表了著名的《青春》一文。他满怀希望地指出：

吾族青年所当信誓旦旦，以昭示于世者，不在艰艰辩证白首中国之不死，乃在汲汲孕育青春中国之再生。吾族今后之能否立足于世界，不在白首中国之苟延残喘，而在青春中国之投胎复活。盖尝闻之，生命者，死与再生之连续也。今后人类之问题，民族之问题，非苟生残存之问题，乃复活更生、回春再造之问题也。

吾人在世，不可厌"今"而徒回思"过去"，梦想"将来"，以耗误"现在"的努力。又不可以"今"境自足，毫不拿出"现在"的努力，谋"将来"的发展。宜善用"今"，以努力为"将来"之创造。

进前而勿顾后，背黑暗而向光明，为世界进文明，为人类创幸福。以青春之我，创建青春之家庭，青春之国家，青春之民族，青春之地球，青春之宇宙，资以乐其无涯之生。

纵观全文，李大钊旁征博引，上下五千年，国内与国外，用汪洋恣肆的风格阐述了自己的青春哲学，旨在引导青年们发扬生命力，再造中国的青春。

他要求青年发起生命力，努力去创造历史，创造新中华。中国的希望就在于具有一大批富有创造力的青年。如果没有这一大批具有创造力的青年，则中国的复兴就没有希望。

李大钊的这一套人生哲学，是他对世界、对人、对社会经过深刻思考后作出的结论，也让他成为中国最早的马克思主义者。他高远前瞻的世界眼光，让他从青春哲学走向马克思主义，这是时代精神发展之必然。

到北京大学后，李大钊就参加了《新青年》编辑部的工作。从此，《新青年》杂志由陈独秀个人主办，改为由李大钊、鲁迅、胡适等共同编辑，这样就形成了一个以《新青年》为中心的新文化运动的阵营。他们高举反帝反封建的大旗，掀起了一场轰轰烈烈、波澜壮阔的新文化运动大潮。

北大成为李大钊宣传新思想、新文化的重要阵地，也是他从事革命活动的中心。

李大钊为了更好地宣传新思想、新文化，还创办了《晨钟》报，在一年多的时间里，李大钊就发表文章近百篇。他的文章观点鲜明，语言犀利，充满着爱国主义激情和激昂的革命斗志，对当时的人们产生了极大的鼓舞。

1918年12月，李大钊与陈独秀等人创办了一个周期短、政治色彩更加鲜明的刊物《每周评论》，从此李大钊以《新青年》《每周评论》为阵地，发表了大量战斗檄文，密切配合了当时的新文化运动。李大钊是新文化阵营的领袖之一、新文化运动的伟大旗手。

俄国十月社会主义革命爆发，震撼了全世界，李大钊以极大的热情，敏锐的眼光，认识到只有马克思主义才能拯救中国。从那之后，李大钊就开始热情地讴歌和宣扬十月革命，先后发表了《法俄革命之比较观》《庶民的胜利》《布尔什维主义的胜利》等著名文章，向全人类高呼，"试看将来的环球，必是赤旗的世界"。

1919年9月至11月，李大钊在《新青年》上发表《我的马克思主义观》，全文26000多字，阐述了马克思主义的三个组成部分，这是中国第一篇系统介绍马克思主义基本原理的文章，也是李大钊成为成熟的马克思主义者的重要标志。

1919年6月，五四运动后，陈独秀作为运动领袖被北洋军阀政府逮捕。李大钊联络各界进行营救。同年秋，陈独秀表面上获释，实际上是被软禁在家。因为陈独秀不会说北方话，又受到警探的监控，很难出城，李大钊决定亲自护送陈独秀去上海。

1920年1月，李大钊化装成赶车夫，拿出少年时在乡下学来的本领，到陈独秀寓所接他上了带篷马车。城门口有看守盘查，李大钊面不改色从容应对，终于被看守成功放行。出城后，马车沿小路直奔天津码头。李大钊在路上一面赶车，一面与陈独秀商议，认为中国应该建立一个共产主义政党，两人达成共识，并决定在南北分头着手。中国共产党建党的第一篇，就在京津路上的马车中写成。陈独秀来信询问党名是否称"社会党"，李大钊回信一锤定音："叫共产党！"

1918年1月，李大钊应北京大学校长蔡元培邀请，到北大担任图书馆主任。在任图书馆主任期间，李大钊认真改进图书馆工作，把北大图书馆从一个封闭的旧式藏书楼转变为开放式的新型现代图书馆，成为传播新文化、新思想的重要场所。李大钊是中国近代图书馆事业的奠基人，在图书馆发展史上，李大钊有"中国近代图书馆之父"的殊荣。

1918年10月，李大钊在北大的同事杨昌济教授（杨开慧之父），领着一位高个儿青年来到位于红楼（位于东城区沙滩）的图书馆，高个儿青年说明来意，想在北大找份工作。

首次交谈，李大钊就感觉这位姓毛名泽东字润之的青年言谈、见识很不平凡，同意安排他当助理员，月薪8块大洋。此后毛泽东一面工作，一面在北大旁听哲学和新闻课。

在李大钊的影响下，毛泽东思想进步很快，逐渐由一位民主主义者转变为马克思主义者，为以后的革命征程奠定了基础。1936年，毛泽东会见斯诺时曾意味深长地说："我在北大图书馆当助理员的时候，在李大钊手下，很快地发展，走到马克思主义的路上。李大钊是我的老师。"

1927年4月6日，李大钊等人被捕。在狱中，李大钊身受各种酷刑，仍拒绝投降。4月28日，奉系军阀用残忍的绞刑将李大钊杀害，时年38岁。这位著名的共产党人临刑前留下一张照片：宽阔的额头很干净，浓黑的双眉下神情泰然，方形的脸上一片平和，那满是皱褶的灰布棉袍下，挂着又黑又粗的铁链……

陈独秀这样评价李大钊：从外表上看，他是一位好好先生，像个教私塾的人；从实质上看，他生平的言行，诚如日月之经天，江河之行地，光明磊落，肝胆照人。

李大钊是最早探索我国如何走上社会主义道路的人，他对中国未来社会主义进行了描绘，指出：

各国所有的特色亦岂可忽略。

故中国将来发生之时，必与英、德、俄……有异。

社会主义是要富的，不是要穷的，是整理生产的，不是破坏生产的。

中国不欲振兴实业则已，如欲振兴实业，非先实行社会主义不可。

轶闻

李大钊一生艰苦朴素，一心为革命。他同时代的人曾这样描述李大钊："黄卷青灯，茹苦食淡，冬一絮衣，夏一布衫，为庶民求解放，一生辛苦艰难。"李大钊做北大图书馆主任时，每月薪水120块银元，后来涨到180块，同时他担任多所院校的教授，每月收入不少于240块银元。这笔钱在当时完全可以过上非常富裕的生活，然而，李大钊家却非常清贫，不仅如此，李大钊的夫人赵纫兰还常常因无米下锅而发愁。这是为什么呢？原来李大钊把三分之二的薪水都用在革命事业上，剩下的三分之一又不完全用于家庭生活，还要接济贫困学生和有困难的同志。北大校长蔡元培知道这一情况后，非常感动，曾这样对会计科说："每月发薪时要先扣除李先生一部分，亲自交给李夫人，以免大钊家中做'无米之炊'。"

当时，李大钊在东城上班，却在西城租房子住，因为西城房租较为便宜，这样每天上班李大钊都要走一大段路，中午不能回家吃饭，他就自带干粮，有时一张大饼，有时两个馒头，就白开水下肚。有人对李大钊不讲究排场，常年过艰苦生活的作风非常不理解，劝李大钊要加强营养。李大钊听后，语重心长地说："美味佳肴人皆追求，我何尝不企享用，时下国难当头，众同胞食不果腹，衣不遮体，面对这种情况，我怎忍只图个人享受，不思劳苦大众疾苦呢？"

李大钊的妻子赵纫兰年长他几岁，没有文化，李大钊留学归来后身为文坛名流，有人劝他休掉乡下妻子，再娶新妻，他断然不肯，与妻子始终相敬相爱。社会上有不少仇视李大钊的军阀政客和反动文人，却无人攻击他的私德。

1916年，李大钊从日本归国后，到北京创办《晨钟报》并担任总编辑。当时，他亲自设计，在每日的社论上配印一古钟图案，并在图案上刻一条警语。而第六期警语，便是李大钊书写的他常吟咏的名句："铁肩担道义，妙手著文章。"此名句是李大钊的座右铭，是他高尚革命情操的真实写照。这一名句借用了明代忠臣杨椒山的名对，原句是"铁肩担道义，辣手著文章"。

杨椒山，河北省容城县人。明嘉靖年间，他出任南京兵部员外郎。为人笃实刚正，不畏权势，因勇敢弹劾大奸臣严嵩未果，反而惨死在严嵩的屠刀下。

　　李大钊借用杨椒山的名句时，将"辣"字改成了"妙"字，这一字的改动非常精当，其内涵是凝重的，他勇敢地担当起创造"青春中华"的大任，成为中国最早的马克思主义传播者。

钱玄同
——新文化运动的吹鼓手

考古务求其真，致用务求其适。

——钱玄同

20世纪的前20年，陈独秀、胡适、钱玄同、鲁迅、刘半农等新文化运动和文学革命的吹鼓手，致力于改革旧文学，推广新文学，用白话文代替文言文，要把在中国传承千年、作为传统文化载体和主干的文言文废掉。

但是因为当时的中国刚刚废除帝制不久，文化圈积重难返，显得死气沉沉，缺少尚新、求变、批判的活力。即使文学革命的闯将们提出废除文言文这一惊天之举，最开始也没有多少人站出来表示赞同，或者言辞激烈地进行反对。轰轰烈烈的"文学革命"在大众的漠然中显得颇有些尴尬，而新文学的发起者们也在没有对手的辩论中感到了几分寂寞。

为了扩大文学革命的影响，改变波澜不起的现状，被称为新文化运动急先锋的钱玄同和刘半农自导自演了一场奇特的戏，那就是历史上著名的"双簧信"。这个主意是刘半农出的，他曾在上海开明剧社做过编剧。

　　刘半农把自己的想法告诉了好友钱玄同。钱玄同是国学大师章太炎的门生，旧学根底深厚，却十分厌恶旧文人的做派和风格，曾经骂他们为"桐城谬种""选学妖孽"。刘、钱两人性情相近，在北大的教授圈子里一向过从甚密，无话不谈。刘半农一提议，钱玄同立刻表示赞同。于是，一个扮演顽固的复古分子，封建文化的守旧者；一个扮演新文化的革命者。两人之间展开一场针锋相对的笔墨大战，并期望用这种双簧戏的形式把正反两个阵营的观点都亮出来，从而引起全社会对文学革命的关注。

　　当时，这种不入流的炒作手法曾一度使两人有所顾忌，但为了斗争的效果，他们斟酌再三，还是决定实施。于是，便有了中国近代史上有着重要意义的双簧戏开场。

　　1918年3月15日，《新青年》杂志第四卷三号上，刊登出一篇写给《新青年》杂志编辑部的公开信《给〈新青年〉编者的一封信》，署名"王敬轩"。信是用文言文写的，洋洋洒洒4000多字，一个新式标点都不用，文章以一个封建思想和封建文化卫道者的形象，列举《新青年》和新文化运动的所有罪状，极尽谩骂之能事。"王敬轩"在"信"中说：

贵报大倡文学革命之论，权舆于二卷之末，三卷又大放厥词，几于无册无之。四卷一号，更以白话行文，且用种种奇形怪状之钩挑以代圈点……

而就在同一期上，却还有另一篇以本社记者"半农"之名写的观点与之针锋相对的文章《复王敬轩书》，全信洋洋万余言，对"王敬轩"的观点逐一批驳。

署名"王敬轩"所写的那封信其实就是钱玄同化名所写，钱玄同对旧式文人的文风非常熟悉，这篇文章的内容和风格都足以乱真。他不但忠实地模仿了守旧派对新文学的种种误解与歪曲，而且故意夸大，使之显得十分荒谬可笑。

而刘半农的复信对"王敬轩"的文章观点逐一加以批驳，用幽默、诙谐的文风和流利畅达、泼辣尖锐的语言一针见血、痛快淋漓、毫不留情地对当时的守旧派大师林纾进行了指名道姓的批评，于嬉笑怒骂中将以"王敬轩"为代表的封建文化、封建思想和封建国粹派一伙人的谬论批判得体无完肤。在信中，刘半农针对"王敬轩"的句读之说进行了如下批驳：

闲话少说，句读之学，中国向来就有的，本志采用西式句读符号，是因为中国原有的符号不敷用，乐得把人家已造成的借来用用。先生不知"钩挑"有辨别句读的功用，却说他是代替圈点的。又说引号（""）是表示"句中重要之处"，不尽号（……）是把"密点"移在"一句之后"。知识如此鄙陋，记者惟有敬请先生去读了三年外国书，再来同记者说话。如先生以为读外国书是"工于媚外，惟强是从"，不愿下这功夫，那么，先生！便到了你"墓木拱矣"的时候，还是个不明白！

这一场双簧戏由于对战双方观点对立，旗帜鲜明，一经推出，就在文坛引起强烈反响，真的引来了"王敬轩"那样的卫道士，如林纾等人的发难，林纾写信给北大校长蔡元培，要求蔡元培将陈独秀、钱玄同从教师中除名，不过还有更多的青年学子和进步人士对刘半农的新文学观点予以喝彩，这场论辩让新文学运动的声势逐步壮大。

一正一反两篇文章同时出现，结果"旧式文人的丑算是出尽，新派则获得压倒性的辉煌胜利"。一些原来还在犹豫的人看了这场双簧戏，都开始倾向新文化了，变成了新派文人，由此可见"双簧信"影响之大。

鲁迅也表示了支持，他说："古之青年，心目中有了刘半农三个字，原因并不在他擅长音韵学，或是常做打油诗，是在他跳出鸳蝴派（鸳鸯蝴蝶派），骂倒王敬轩，为一个'文学革命'阵中的战斗者。"

这场双簧戏的主角之一钱玄同（1887－1939），是浙江吴兴（现浙江湖州市）人，出身于清末一个旧官吏家庭，钱玄同出生时，父亲已62岁，哥哥已34岁，父兄对他管教甚严。少年时父母双亡，由兄嫂抚养长大，因此他凡事必禀命于兄长。由于钱玄同从小所受封建礼教颇多颇严，所以，他对三纲五常等旧礼教最痛恨，反对也最坚决，激烈的言论很多，是一个敢于向旧礼教宣战的先锋大将。

钱玄同身材不高，戴着近视眼镜；夏天穿件竹布长衫，腋下夹一个黑皮包。他走到哪里，哪里就响起他高谈阔论的声音。

1917年初，当胡适在《新青年》第二卷五号发表《文学改良刍议》之后，钱玄同立即在该刊二卷六号发表《通信》作为声援。此后，钱玄同又发表了《论应用文之亟宜改良》等重要文章，提出了文章应加标点符号，数目字可改用阿拉伯数字，凡纪年尽量改用世界通行的公元纪元，书写方式"改右行直下为左行横移"等主张。

钱玄同反对抱住"国粹"不放和死读书。他曾在《新青年》杂志上撰文疾呼："我要敬告青年学生：诸君是20世纪的'人'，不是古人的'话匣子'，我们所以要做文章，并不是因为古文不够，要替他添上几篇，而是因为要把我们的意思写他出来。所以应该用我们自己的话，写成我们自己的文章，我们的话怎样说，我们的文章就该怎样做。"

钱玄同的出阵，使陈独秀、胡适在寂寞中深受鼓舞。陈独秀在给钱玄同回信中说："以先生之声韵训诂学大家而提倡通俗的新文学，何忧全国不景从也。"胡适说："钱教授是位古文大家。他居然也对我们有如此同情的反应，实在使我们声势一振。"

催促新文学作品诞生并予以奖掖支持，是钱玄同"五四"时期的又一历史贡献。中国现代文学史上的第一篇白话小说就是鲁迅在钱玄同的敦促下创作的（参见本书鲁迅篇）。

不过，钱玄同也有一个遭人非议之处，那就是偏激。钱玄同也承认，他的主张常涉两个极端，十分话常说到十二分。但这种"偏谬精神"往往包含着合理的内核，其核心是反封建精神。在搬动一张桌子、改装一个火炉也几乎要流血的旧中国，在跟肉体和精神均已硬化的顽固派作斗争的过程中，非有大力难开新地，非有坚兵难摧敌垒。

比如随着新文化运动的开展，钱玄同提出了废除汉字的主张。1918年，他在《新青年》上发表《论中国今后之文字问题》，声称："欲废除孔学，则不可不先废汉文；欲废除一般人之幼稚的野蛮的顽固的思想，尤不可不先废汉文。"

这一主张，即使在新文化运动的先锋派人物中，也发生了歧异。陈独秀认为这种做法比较偏激，鲁迅则认为这只是一种平常的文字革新。

一百年后，我们重新审视这一主张，普遍认为这是五四新文化运动时期极端反传统的典型性观点，是偏激的或错误的，过于惊世骇俗。钱玄同如此大胆地提出这种狂言怪论，部分表明他在民族危亡之际，对中国文化失去了自信心，他没有对中国当时的民族文化心理进行深入研究，且把中国的公民教育不普及、国家和人民的贫穷落后都归因于汉字的落后，因此提出了一个基本不可行的主张。

但是这一主张，却在某种程度上对白话文运动和反对孔教的斗争发挥了积极的作用。因为这一主张过于激进，是从根本上动摇了文言文存在的根基，于是保守派的旧文人，纷纷调转枪口对准钱玄同进行围攻，使白话文运动减少了很大的阻力。

鲁迅曾经对此予以评述，这个文字革新的主张"被不喜欢改革的中国人听见了，就大不得了了，于是便放过了平和的文学革命，而竭力来骂钱玄同。白话乘了这一机会，居然减去了许多敌人，反而没有阻碍，能够流行了"。

经过了这场论战，钱玄同也开始反思自己的主张，有所修正，他在后来发表的《汉字革命》中，提出了两条方案："减省笔画""注音字母"。平心而论，这两条方案还是有些道理的。之后新中国的简化字方案也是在此议案的基础上推出的，钱玄同的主张部分地变为了现实。

轶闻

钱玄同是著名的音韵学、文字学大师，著有《音韵学》《国音沿革讲义》等书。钱玄同从20世纪30年代起一直担任北京师范大学教授，在课堂上讲到"开口音"与"闭口音"的区别时，他举了一个非常有名的例子：

北京有一位唱京韵大鼓的女演员，长得非常漂亮，一口洁白整齐的牙齿，特别令人注目。但是有一次女艺人发生了意外事故，磕掉了两颗门牙，让她的美丽外表有了瑕疵。在应邀赴宴陪酒时，女艺人坐在宾客中很不自然，于是她很少开口讲话，万不得已有人问话一概用"闭口音"回答，尽量避免"开口音"，以免出丑。比如别人问她："您贵姓？""姓伍。""多大年纪？""十五。""家住哪里？""保安府。""做什么工作？""唱大鼓。"以上的回答，均用"闭口音"，语不露齿。过了一段时间她的牙齿修好了，再与人交谈时，她又全部改用"开口音"来炫耀其美齿了，于是对答又改成了："贵姓？""姓李。""多大？""十七。""家在哪里？""城西。""做什么工作？""唱戏。"

钱玄同和黄侃都是章太炎的得意弟子。大弟子黄侃和几位闹文学革命的师弟常常斗气。20世纪30年代初，章太炎带着黄侃到北京讲学，钱玄同对老师毕恭毕敬，对师兄却根本不买账。有一天，在章太炎住处，黄侃开玩笑地对钱玄同说："二疯，你来前，我告你！你可怜啊！先生也来了，你近来怎么不把音韵学的书好好地读，要弄什么注音字母，什么白话文。"钱玄同顿时翻脸，拍着桌子厉声说："我就是要弄注音字母，要弄白话文，混账！"章太炎闻声赶来，看到两个弟子跟斗鸡似的互骂，不由哈哈大笑，经师父调解，两人才勉强和好。

钱玄同是新文化运动的吹鼓手，思想激进，反对包办婚姻，主张自由恋爱。但他与由哥哥包办的妻子徐婠贞关系却非常和谐。妻子身体不好，他关心体贴，照顾周到。旧社会文人嫖娼、纳妾都是平常事，钱玄同从不嫖娼，说"如此便对学生不起"。有人以他妻子身体不好为由劝他纳妾，他严词拒绝，说："《新青年》主张一夫一妻，岂有自己打自己嘴巴之理。"

　　钱玄同说："三纲像三条麻绳，缠在我们的头上，祖缠父，父缠子，子缠孙，一代代缠下去，缠了两千年。新文化运动起，大呼解放，解放这头上缠的三条麻绳。我们以后绝对不许再把这三条麻绳缠在孩子们头上！可是我们自己头上的麻绳不要解下来，至少新文化运动者不要解下来，再至少我自己就永远不会解下来。为什么呢？我若解了下来，反对新文化维持旧礼教的人，就要说我们之所以大呼解放，为的是自私自利，如果借着提倡新文化来自私自利，新文化还有什么信用？还有什么效力？还有什么价值？所以我自己拼着牺牲，只救青年，只救孩子！"

　　钱玄同晚年因日寇侵略中国，常满腔孤愤，抑郁难语。自热河沦陷后，他有约三个月光景谢绝饮宴，但同时也使他更坚定了反帝爱国立场。1931年"九·一八"事变发生后，曾经留日的钱玄同与日人断绝交往。日寇占领北平后，钱玄同恢复原名钱夏，表示是"夏"而非"夷"，决不做敌伪的顺民。1939年1月，为解决李大钊子女生活困窘和筹措赴延安的路费，钱玄同拖着病体，四处联系变卖李大钊的藏书。1月17日傍晚，钱玄同从外面回来，觉得身体疲惫、头痛，立刻送往医院，确诊为突发脑出血，抢救无效不幸去世，享年仅52岁。

刘半农
——新文化运动的真的猛士

　　文言文是死的文字，什么人再写文言文，就是死人；白话文是活的文字，凡是写白话文的，就是活人。

——刘半农

　　在当今社会，一个人，不管走到哪里，都需要文凭在前边开路，没有了文凭，也没有靠山，只能去做苦力，做不成学者、文化人。但是在20世纪初的北京大学，却有这样一位奇人，只有初中学历，被蔡元培请来担任北大教授。他，就是刘半农。

　　刘半农（1891—1934），名复，字半农，江苏江阴人。刘半农从小天资聪颖，又勤奋好学，11岁进入江阴翰墨林小学读书，17岁，刘半农以江阴县考生第一名的优异成绩考入常州府中学堂，因连中三元，名声大噪。1910年，刘半农因抵制舍监自动退学。1913年，刘半农带着弟弟刘天华同往上海谋生。最开始在开明剧社任编辑，编译过剧本《好事多磨》，不久，开始在《时事新报》《小说界》等报刊上发表译著和小说。刘半农经常写文章参与"鸳鸯蝴蝶派"活动，署名"半侬"。

1917年，刘半农回到江阴，暂时赋闲在家。这时，一封北京大学蔡元培校长寄来的聘书飞到了他的手上，蔡元培正式聘请他担任北京大学预科国文教授。

一个连中学都没有毕业的人竟然能接到全国最高学府的聘书？这件事无论怎么看都有点不可思议，他的妻子也颇为起疑。刘半农仔细寻思，终于回想起来，不久前，在上海，他与《新青年》主编陈独秀有过一次会面。现在看来这封聘书与那次会面很有关系。

事实正是如此，陈独秀通过那次会面，慧眼识珠，不仅看出刘半农身上具有青年人的锐气，更看出他是一个可以造就之才，便向北大校长蔡元培鼎力推荐。蔡元培信任陈独秀的眼光，不拘一格给刘半农发来了聘书。

就这样，一个连中学都未毕业的乡村青年获得了一个鲤鱼跃龙门的大好机会，一下子跨入全国的最高学府，成了北大的教授。

当时在北大任教的还有钱玄同、周作人、胡适等名家。刘半农虽然连中学都没有毕业，但他国学功底深厚，并不逊于他人，而且他阅读广泛，长于写作，上课又认真准备，所以不久就站稳了脚跟，得到了学生的认可，很快人人都知道北大来了一个中学肄业的国文教授刘半农。

刘半农和全家人住在北大偏西靠南的一组平房内，住在那里的还有陈独秀、胡适等人。这些人中有两人是光绪己卯年（1879）生，有三人是光绪辛卯年（1891）生，卯在属相中属兔，于是老兔、小兔的住所被人戏称为兔子窝。老兔指陈独秀，小兔中名气最大的是胡适，其次便是刘半农。

在北大讲课期间，刘半农偶然在《新青年》杂志上看到了胡适的《文学改良刍议》，很受震动，本来他一直醉心于创作"鸳鸯蝴蝶派"的通俗小说，现在决定与旧文学决裂，投奔到新文学的大旗之下。

1917年，刘半农在《新青年》第三卷第三号上发表了《我之文学改良观》一文，提出"文学为有精神之物"的文学主张，反对说空话，提倡白话文；提出破坏旧韵重造新韵；提出文章分段，采用新式标点等主张。他的这些观点在当时都是"异端邪说"，论敌恨不得将之"食肉寝皮"。

署名时他觉得自己以前所用的香艳媚俗的笔名"半侬"太不可取，便毅然去掉偏旁，改为"半农"，以示与过去的自己彻底决裂，做民众的忠实代言人。

北大是新文化运动的发祥地，也是各种新思想交锋的中心，进入北大后，刘半农在《新青年》和陈独秀等人的影响下，很快成了新文化运动的急先锋。刘半农不再安于随便写几篇文章过瘾，他渴望来一场真正的战斗。于是他想到了跟好友钱玄同合演一出双簧戏。钱玄同开始觉得这个办法不入流，但刘半农认为，非常时期需要采取非常手段才能达到目的。钱玄同终于同意与他一起披挂上阵。

这场双簧戏演得很漂亮，不但成功挑起了革命派和守旧派的斗争，也旗帜鲜明地向民众宣传了新文化运动和新文学运动的纲领和主张，起到了一定的普及作用。很多人在观望之后开始倾向新文化运动。刘半农的这篇战斗檄文，在推动五四新文化运动和文学革命的进程中，确实起到了难以估量的积极作用。鲁迅赞赏他是"在寂寞里奔驰的猛士"，多年后，鲁迅又在《忆刘半农君》一文中，称他"活泼、勇敢，很打了几次大仗"。

满腹才情、满腔热情的刘半农始终在斗争的前沿阵地上冲锋陷阵，勇斗敌顽，处处都表现出他闯将和斗士的本色。他积极为《新青年》撰稿，并参与《新青年》的编辑工作。五四运动爆发，北大学生上街游行的当日，他坐守北大指挥部，争取各方声援。陈独秀被捕入狱、"三·一八"惨案，刘半农都用自己的笔与军阀和守旧势力进行了不屈不挠的战斗。李大钊遇害后，刘半农还曾与钱玄同、蒋梦麟、沈尹默等12人联名发起为李大钊举行公葬的募款活动，受李大钊众友人公推为李大钊撰写碑文。在那个黑暗年代，刘半农能够挺身而出，义薄云天，敢作敢当，实在是令人可敬可佩。

在北大，刘半农虽然凭着自己非凡的聪颖和加倍的努力，很快赢得学生们的认可，站稳了脚跟，但在北大这个学院派占统治地位的地方，像他这样一个连中学都没有毕业的大学教授，还是免不了会被一些人视为"下里巴人"，这对心气极高的刘半农来说，无疑是一块难以释怀的心病。于是，1920年，在征得蔡元培的同意后，刘半农通过考试取得了公费赴英留学的资格，携妻带女踏上了出国留学的征程。

刘半农虽然人在英国，可是他的心却依然时时系念着灾难深重的祖国。爱国情怀郁积于胸，终于倾泻到这首题为《教我如何不想她》的诗歌中：

天上飘着些微云，地上吹着些微风。啊，微风吹动了我的头发，教我如何不想她？

月光恋爱着海洋，海洋恋爱着月光。啊，这般蜜也似的银夜，教我如何不想她？

水面落花漫漫流，水底鱼儿慢慢游。啊，燕子，你说些什么话，教我如何不想她？

枯树在冷风里摇，野火在暮色中烧。啊，西天还有些残霞，教我如何不想她？

这首诗共分四节，在齐整中见参差错落之致，在整饬中显变化灵动之美。每节诗都用容易引发思念的景物来起兴，从浮云微风，写到月光海洋，写到落花游鱼，再写到枯树野火，再用蒙太奇手法加以组接，用一个"啊"字由写景转入抒情，发出深沉的喟叹："教我如何不想她？"

诗中的"她"，到底是指谁呢？通过诗人当时的境遇，这个"她"应该是指客居异国他乡的游子刘半农所苦苦思念的祖国。也有人认为，诗中的"她"乃是指向往"红袖添香夜读书"的诗人所深深爱慕的女子。这首诗意蕴丰富，情感动人，同在伦敦留学的博学多才的音乐家赵元任一眼就相中了它，马上将它谱成了歌曲。这首曲子飞速在国内传唱开来，并且一直流行至今，经久不衰。

刘半农原本是搞文学创作的，而且取得了非常出色的成绩。他的小说曾风靡上海滩，赢得了许多粉丝。他的诗歌也同样有许多追捧者乃至发烧友。著名作家周作人就给了他很高的评价："那时作新诗的人实在不少，但据我看来，容我不客气地说，只有两个人具有诗人的天分，一个是尹默，一个就是刘半农。"

刘半农是中国新诗运动初期最早的播种者之一。1917年，刘半农写下著名的白话文诗歌《相隔一层纸》。诗中写道：

屋子里拢着炉火

老爷吩咐买水果

说"天气不冷火太热

别让它烤坏了我"

屋外躺着一个叫化子

咬紧了牙齿对着北风喊"要死!"……

可怜屋外与屋里

相隔只有一层薄纸!

在那个年代,写新诗是"大逆不道"的事情。胡适是留学生,深受欧美文化的陶冶,所以他提倡文学革命,写作新诗,还比较正常。但是刘半农属于旧式文人,却能改弦易辙,投身新诗运动,实在难能可贵。

他的杂文更是享有盛名,能成一家之言,在新文化运动中发挥过无比威力。他还从事翻译,出版过《茶花女》《国外民歌译》及《法国短篇小说集》等译作。

但是他去英、法留学,学的却是汉语语言和语音实验,这跟他原来搞的文学创作可以说相去甚远。刘半农硬是凭着才情,靠着勤奋,在生活极端窘困的情况下,苦学过关,获得了法国国家博士学位,所著《汉语字声实验录》还荣获了法国康士坦丁·伏尔内语言学专奖。学成归国后,他更是成为中国实验语音学的创始人,把自南北朝以来历史悠久的中国音韵学推进成现代科学。

刘半农喜欢摄影,出过专著《半农谈影》,他也因此被誉为中国现代摄影理论的开拓者和奠基者之一。另外,因为弟弟刘天华是著名的音乐家,所以刘半农也会一点音乐,曾为《梅兰芳歌曲谱》作过序，他的强项是填歌词，以至于他逝世以后，赵元任不胜伤感地送上了这样一副挽联："十载凑双簧，无词今后难成曲；数人弱一人，教我如何不想他。"

刘半农在民歌的采集、整理和大胆创新上也作出了特殊贡献。他是中国第一个对民歌进行学术调查的先驱者，同时也是我国首先创作地道的民歌体新诗的著名诗人。早在1918年，他就发起了我国近代史上第一次征集歌谣、研究民俗文学的运动。

他还利用三次回乡的机会，进行了三次采集民歌的活动，并出版了一部《瓦釜集》，在中国诗歌史上开辟了一个新的境界。后来，他又出版了内容上反对封建，形式上着力模仿民歌的诗集《扬鞭集》。因此，有人称誉他为"在中国文学上用方言俚调作诗歌的第一人，同时也是第一个成功者"。

1934年，刘半农前往内蒙古等地实地考察方言音调和声调。在考察途中，刘半农被昆虫叮咬，不幸传染上致命的回归热，7月14日与世长辞，年仅43岁，葬于北平西郊香山玉皇顶南岗。

轶闻

1934年3月24日，这一天晚上，北京贝满、育英两所中学的联合歌咏团在灯市口公理会会堂演出，其中有合唱《教我如何不想她》，唱完后，指挥李抱忱把出席晚会的歌词作者刘半农介绍给大家。刘半农登台，大家齐声鼓掌。下得台来，刘半农听身后一女孩说："嘻！原来是这样一个老头儿！"

《教我如何不想她》是当年的流行歌曲，刘半农写词，赵元任作曲。这一年刘半农不过43岁，人到中年，还谈不上有多老。刘半农听到女孩子的议论，在当天的日记里记下这件事情，他是个很懂幽默的人，并没有感到不快，反而在自我调侃中还带了几分自得，觉得自己也是新文化运动的一员老将了。

刘半农还做过一件在当时人看来非常"出格"的举动，就是采访名妓赛金花。堂堂的北大名教授去采访一个名声不佳的妓女，这样的事情也只有刘半农做得出来。

早在几年前，刘半农就从报上了解了有关赛金花的事迹，但众说纷纭，蒙在她身上的迷雾一直让人不辨真假，有人把她说成"民族英雄"，有人认为她就是一个出卖肉体和灵魂的妓女。

刘半农觉得她是一个值得研究的传奇人物，应该趁她活着时把藏在她身上的疑问调查清楚，揭开事情真相。于是他便带着自己的得意门生商鸿逵亲自拜访赛金花。

风烛残年的赛金花没有想到大名鼎鼎的刘半农会来采访她这样的人，非常激动，决定接受采访，公开讲述自己的生平事迹。

通过多次采访，结合历史研究，刘半农基本拂去了蒙在她身上的历史迷雾。刘半农采访名妓赛金花的事件引起了轰动，赛金花一时成了社会热门话题。

　　刘半农去世后，赛金花投桃报李，身着一袭黑衣专门前往追悼会现场悼念刘半农，这一举动在当时被传为奇谈。刘半农去世后，《赛金花本事》由他的学生商鸿逵整理出版，还原了赛金花的本真面貌。

吴虞
——孔家店要不要打

> 儒教不革命、儒学不转轮，吾国遂无新思想、新学说，何以造新国民？悠悠万事，惟此为大已，吁！
>
> ——吴虞

进入21世纪，儒学、国学等传统文化思想重新成为学术界和大众追捧的潮流，在当今社会沸沸扬扬的国学热中，孔子再次成为社会热议的焦点。这不由让我们想起20世纪初年的那一场"打倒孔家店"的事件。

对历史感兴趣、上点年纪的人，对"打倒孔家店"这句口号应该并不陌生。而20世纪"打倒孔家店"的主力就是吴虞。在《吴虞文录·序》中，胡适写道："吴先生和我的朋友陈独秀是近年来攻击孔教最有力的两位健将，他们两人，一个在上海，一个在成都，相隔那么远，但精神上很有相同之点。""我给各位中国少年介绍这位'四川省只手打孔家店'的老英雄——吴又陵先生!"这是最早提到"打倒孔家店"口号的文章。

吴虞(1872—1949),字又陵,成都市新都人。早年入成都尊经书院学习经学,戊戌变法后,转而学习西方社会政治学说,是成都转向新学之最先者,四川反对儒家传统的首倡者和急先锋。吴虞在日记中说:"反对孔丘,实获我心。四川反对孔子,殆自余倡之也。"

1918年4月,中国现代史上第一篇白话小说《狂人日记》问世。鲁迅直指此篇小说"意在暴露家族制度和礼教的弊害","弊害"在哪里?在用礼教"吃人"。

远在四川的吴虞读了这篇文章,恍如大梦初醒。1919年11月1日,他写了一篇文章——《吃人与礼教》发表在《新青年》上,将鲁迅关于用礼教"吃人"的观点发扬光大:

我读《新青年》里鲁迅君的《狂人日记》,不觉得发了许多感想。我们中国人,最妙是一面会吃人,一面又能够讲礼教。吃人与礼教,本来是极相矛盾的事,然而他们在当时历史上,却认为并行不悖的,这真正是奇怪了!

我们如今应该明白了!吃人的就是讲礼教的,讲礼教的就是吃人的呀!

吴虞认为，儒家的传统思想是"祸国殃民，为祸之烈，百倍于洪水猛兽也"。有鉴于此，吴虞发出了振聋发聩的呼吁：

呜呼！太西有马丁·路德创新教，而数百年来宗教界遂辟一新国土；有培根、狄卡儿创新学说，而数百年学界遂开一新天地。儒教不革命、儒学不转轮，吾国遂无新思想、新学说，何以造新国民？悠悠万事，惟此为大已，吁！

而要打开"新思想""新国民"的新局面，关键还在于破除封建礼教，简而言之，"打倒孔家店"。

吴虞不但是"打倒孔家店"的吹鼓手，还是这一思想的实践者，在自己的家庭生活中实践了反叛封建礼教的行动。

吴虞的父亲叫吴兴杰，赋闲在家，没有事做，到处寻花问柳，搞得家里鸡犬不宁。为了平息家庭纠纷，吴虞就给父亲娶了一房姨太太。不承想，却引火烧身，父亲和继母不领他的情，反而要求他搬出成都的住房。无奈之下，他和妻儿不得不回到乡下住下。此后，在吴虞的心中，父亲便和魔鬼无异。他在日记中写道："魔鬼一早下乡。心术之坏如此，亦孔教之力也。"

1910年，吴虞与父亲在家产上起了纷争，吴虞不顾"亲亲相隐"的古训，一怒之下将父亲告到官府。这件事迅速成了成都教育界轰动一时的"上流社会"的"家庭革命"。

最终结果是吴虞胜诉，但是他也背上了"不孝""非理非法""忤逆"等道德的罪名。这让吴虞非常郁闷，没料到祸不单行，不久，他的一位同学联合四川教育总会的一干人马以"扬亲之过"的罪名将他告到官府，并派兵缉拿。吴虞闻风而逃，但官府依然穷追不舍，还行文各省要求见着他就立刻实施逮捕。当时的四川教育总会会长徐炯痛骂他是个"豺狼不食"的东西，"士林耻与之为伍"，要将这个"名教罪人""逐出教育界"。

吴虞逃到他乡，为了躲避官府，不得不东躲西藏，无奈之下，他想起自己曾经写过几首《辛亥杂诗》在陈独秀主办的《甲寅》杂志上刊出。于是他写信给陈独秀，诉说自己的苦闷。陈独秀勉励他继续写文章，于是，从1917年起，吴虞写了一系列的反孔文章，发表在《新青年》上，至此，吴虞作为反孔先锋的地位正式确立。

正是"打倒孔家店"这一响亮口号的提出，在政治制度的层面上对孔子思想进行了彻底的批判，才阻止了儒学重返主流意识形态并成为"国教"的可能。从这一点上来看，新文化运动时期的"打倒孔家店"有积极意义，对中国走向现代化起了非常大的作用。近一二百年以来，中国走下坡路的原因之一就是把孔孟的儒家思想僵化、教条化了，而没有适应世界新的形势来发挥它们的长处，因此新文化运动把几个世纪以来的已经不适应中国社会发展要求的旧的思想、旧的道德进行一次冲击，是完全必要的。

在当时的条件下，肯定有一些过激或者过分的提法和做法，这种情况不可避免，只要大的情势不那么偏颇，这些过激的看法并不会得到多少认同。今天当我们站在后来者的角度，重新审视一百年前新文化运动中的"打倒孔家店"情况，就能得出一个比较全面的判断。一方面，我们要承认新文化运动对中国走向现代起了推动作用，但同时也要看到它负面的影响，那就是对我们传统的思想文化的全盘否定，这是不对的。

我们不希望再看到什么"打倒孔家店"，我们当然也不允许"罢黜百家独尊儒术"的回归。文化需要宽容，需要各种各样不同的声音。儒家文雅温和的仁爱，墨家坚韧纯洁的正义，道家逍遥虚静的智慧，法家面向未来的进取……文化正因其多彩，才具有永恒的魅力。

轶闻

吴虞作为新文化运动时期的一员干将，在反抗封建礼教、扩大新文化运动的影响上是立下很大功劳的。但这并不说明他的一切都是完美的，他本人的品性和私德被当时人诟病良久。

1921年，吴虞受邀到北京大学任教。当时的北大，名家云集，马幼渔、沈尹默、胡适、钱玄同、周作人、李大钊等，都是大师级的人物。初来乍到，吴虞受到众多名流的热情追捧，这让他倍感欣喜。但很快，所有这一切，都如昙花一现般地过去了。

吴虞在北大开设了诸子文及国文两门课，最开始，听课的学生异常踊跃。然而，好景不长，由于"语言问题"（吴虞语），还有人分析是由于他的教学内容了无新意（他只注重校勘注释，对思想和学术缺乏分析），而后五四时期的青年学生也开始趋于理性和冷静，逐渐地，听他讲课的学生越来越少。

而随着时间的推移，他刚愎自用、唯我独尊的性格缺陷慢慢暴露出来。由于治学方法上的迥异，他和胡适渐行渐远；对政治和党派的淡漠，也让陈独秀和他的关系开始疏远。就这样，吴虞在北大已经渐感待不下去了。

另外，吴虞在北京的月薪有260块大洋，这么高的月薪在当时已经足够养家，而且他家乡还"广有田产"，生活相当优裕，可谓衣食无虞。然而，他却断然拒绝对女儿的照顾，还在日记中说：宁可我负别人，别人不能负我，曹操是这样，骨肉亲情之间也这样。从这段话里可以感受到他对待亲情的冷漠态度。后来，他又因为女儿晚上要出去看电影而大发雷霆，坚决不许女儿晚上出去，还为此和女儿断绝父女关系，把她赶出家门。一向以反礼教斗士自居的吴老先生，这次却一反常态地举起"三纲五常"的礼教大旗来教育女儿，着实令人诧异！

在短短四年间，吴虞就辗转北京大学、北京师范大学、中国大学等多所院校任教，最后终究没有待下去，53岁那年，他独自一人，离开了北京。1949年，他在成都病逝。

辜鸿铭
——捍卫传统文化，不卑不亢、学贯中西的傲骨文人

许多世纪以来，我们中国惟我独尊的不以武力而用智慧管理国家，为什么现在会遭到你们这些白种人的轻视和欺凌呢？因为你们发明了枪，那是你们的优点。我们是赤手空拳的群众，你们能够把我们完全毁灭，你们只知道用你们那可恶的发明来压迫我们，却不晓得我们中国人有机械方面的天才，不晓得在这国度里有四万万世界上最务实最聪明的百姓。当黄种人会造和你们白种人一样的枪炮，而且和你们射的一样准时，你们将面临什么呢？你们喜欢枪弹，你们也将被枪弹判决！

——辜鸿铭

辜鸿铭是清末民初驰名中外的文化怪杰。他是新文化运动中出名的保守派，陈独秀称他是"很可笑""复古向后退"的怪物，但李大钊却说他"中国二千五百余年文化所钟出一辜鸿铭

先生，已足以扬眉吐气于二十世纪之世界"。同为新文化运动的领导者，陈独秀和李大钊对辜鸿铭的评价如此不同，到底是什么原因呢？

辜鸿铭（1857—1928），出生于南洋马来亚华侨世家，幼年留学英、法、德等国，精通数国语言。做过张之洞幕僚、外务部左丞，辛亥革命后任教于北京大学。辜鸿铭推崇儒家学说，反对新文化；拥护帝制，反对民主共和，并说西太后是中国道德最高尚的人；拖辫蓄妾，主张一夫多妻制。所以，当时人们视其为"老顽固"。

事物往往具有多面性，辜鸿铭作为民国怪才，其本身的性格更具有多面性。由于他通晓多国语言，是"五四"以前唯一有分量向西方传扬中国文化的中国学者，他把《论语》和《中庸》译成英文，还出版了多部阐述中国传统文化的著作，在德国、法国、日本均有较大影响。

辜鸿铭外表最具特色的是他的脑袋后面拖着一条长辫子，清政府倒台、民国成立多年也不剪掉。

辜鸿铭接受北京大学聘任书的时候，留着辫子走上台去，下面的学生看到他的样子哄堂大笑。但他什么也没说，而是与民国政府教育总长范静生握手。然后，他平静地反问道："可笑吗？"

台下继续大笑，他接着说："我的辫子长在脑后，笑我的人，辫子长在心头。老夫头上的辫子是有形的，而诸公心中的辫子却是无形的，请诸公尽兴地欣赏……"

台下顿时哑口无言。

辜鸿铭曾在课堂上对学生说："中国只有两个好人，一个是蔡元培先生，一个是我。因为蔡先生点了翰林之后不肯做官就去革命，到现在还是革命；我呢？自从跟张文襄（张之洞）做了前清的官员以后，到现在还是保皇。"

从他的话里可以看出，他对蔡元培颇为尊重。

1919年6月，蔡元培为了抗议北洋军阀政府逮捕五四运动的游行学生，决定辞去北大校长的职务。

北大的教授们开了一个会，主题是挽留蔡元培校长，大家都无异议，唯一的问题是具体怎么办。大家都讲了一番话，辜鸿铭也登上讲台，赞成挽留校长，他的理由很特别："校长是我们学校的皇帝，非得挽留不可。"这么一说整件事就显得滑稽了。好在大家的立场和意见一致，才没人选择在这个时候跟他抬杠辩论。

有一次在课堂上讲到法律，辜鸿铭说："你要说'法律'，没有人害怕；你要讲'王法'（大声，一拍桌子），大家就害怕了，少了那个'王'字就不行了。"他这句话，揣摩老百姓心理，简直惟妙惟肖。

辜鸿铭的守旧思想与新文化运动所倡导的民主、自由等思想形成了强烈的冲突。辜鸿铭对中国传统文化极度推崇，而新文化运动所倡导的则是学习西方先进文化，对中国传统文化进行严厉的打击。这两者极不相容，当新文化运动大潮如星火燎原之势在中华大地上兴起之时，辜鸿铭作为捍卫传统文化之人，自然显得不合时宜，成了逆历史潮流而动的保守派。

1915年，辜鸿铭担任北京大学教授，主讲英国文学。由于辜鸿铭对西方文化有很深的了解，所以懂得它们的弱点，他对西方文明进行了尖锐而深刻的批判，他认为，只有中国文化才是拯救世界的灵丹。当时，中国人对西方文化呈仰慕和学习状态，这让辜鸿铭甚为不满和不屑。

在崇洋惧洋成风的年代，辜鸿铭的另类爱国精神令人敬佩。爱国，首先要爱其文明。在《在德不在辫》一文中，他说：

洋人绝不会因为我们割去发辫，穿上西装，就会对我们稍加尊敬的。我完全可以肯定，当我们中国人变成西化者洋鬼子时，欧美人只能对我们更加蔑视。事实上，只有当欧美人了解到真正的中国人——一种有着与他们截然不同却毫不逊色于他们文明的人民时，他们才会对我们有所尊重。

此番论述，对照今天的现实，多么一针见血。

辜鸿铭认为，要估价一种文明，必须看它"能够生产什么样子的人，什么样的男人和女人"。他批评那些"被称作中国文明研究权威"的传教士和汉学家们"实际上并不真正懂得中国人和中国语言"。他独到地指出："要懂得真正的中国人和中国文明，那个人必须是深沉的、博大的和纯朴的"，因为"中国人的性格和中国文明的三大特征，正是深沉、博大和纯朴"，此外还有"灵敏"。

以今天的情况来看，辜鸿铭的眼光的确具有穿透时间的深邃性。当今世界，中国崛起，西方文化日益显示出其局限性和薄弱之处。中国文化所具有的厚重也越来越多地被人称道。他的思想，在今天正在被更多的人执行着。

辜鸿铭生活在一个不幸的时代，在那样一个军阀混战、民不聊生、中华民族岌岌可危的时代，只要是中国人，就只能是病弱的、任人宰割的。如果你是清醒的，你要抗争，就需付出分外沉痛的代价。面对当时内忧外患的祖国，辜鸿铭为中华民族文明传统的中断发出了深深的叹息。

辜鸿铭给学生讲授英文诗，只见他站到讲台上，不带讲义教材，滔滔不绝："我讲英文诗，要你们首先明白一个大旨，即英文诗分三类：国风、小雅、大雅。而国风中又可分为苏格兰、威尔士等七国国风。"就这么一会儿英语，一会儿法语、德语、拉丁语、希腊语……引经据典，旁征博引，学生们全都目瞪口呆。最后辜鸿铭对学生们说：

像你们这样学英诗，是不会有出息的。我要你们背的诗文，一定要背得滚瓜烂熟才行。不然学到头，也不过像时下一般学英文的，学了十年，仅目能读报，伸纸仅能写信，不过幼年读一猫一狗式之教科书，终其一生，只会有小成而已。我们中国的私塾教授法就很好，开蒙不久，即读四书五经，直到倒背如流。现在你们各选一部最喜爱的英诗作品，先读到倒背如流，自然已有根基，听我讲课，就不会有困难了。而且，我们中国人的记忆力是很不错的，中国人用心记忆，外国人只是用脑记忆。我相信诸君是能做好的。

这段话对今天的中小学生也是很有启发的。读书，应首先从背书开始，只有熟读背诵到滚瓜烂熟的程度，才能在脑海中印下深刻的烙印，才能在记忆的基础上进行思考消化。如果连记住都没有记住，就别提有什么深刻的思考了。

辜鸿铭作为一名国学大师，极力宣扬中华文明，不惜与新文化运动逆反而行，在中国历史上是第一人。辜鸿铭对中国传统文化的大力宣扬，是中国历史上贡献最大的人物之一，对于这位伟大的人物，我们都应该承认他对中华文化的阐释宣扬功不可没。

轶闻

辜鸿铭作为民国怪才，具有语不惊人死不休的本领。他的奇闻轶事特别多。

那个年代欧美人在中国简直就如同洋菩萨，到处受到尊敬，辜鸿铭却对这种崇洋媚外的现象十分反感。有一天，辜鸿铭在北京椿树胡同的私邸宴请欧美友人，点的是煤油灯，烟气呛鼻。宴席中有外国人说，煤油灯不如电灯和汽灯明亮，辜鸿铭笑道："我们东方人，讲求明心见性，东方人心明，油灯自亮。东方人不像西方人那样专门看重表面功夫。"

中日甲午海战后，伊藤博文到中国漫游，在武昌与辜鸿铭见了面。辜鸿铭将刚出版不久的英文译本《论语》作为见面礼送给伊藤。伊藤早有耳闻辜鸿铭是保守派中的先锋大将，便乘机调侃道："听说你精通西洋学术，难道还不清楚孔子之教能行于两千多年前，却不能行于二十世纪的今天吗？"

辜鸿铭见招拆招，回答道："孔子教人的方法，好比数学家的加减乘除，在数千年前，其法是三三得九，如今二十世纪，其法仍然是三三得九，并不会三三得八的。"

伊藤听了，一时间无言以对，只好微笑颔首。

在京城的一次宴会上，座中都是一些社会名流和政界大腕，一位外国记者逮住这个空当采访辜鸿铭，提了一个很刁钻的问题："中国国内政局如此纷乱，有什么法子可以补救？"辜鸿铭不假思索，立刻回道："有，法子很简单，把现在所有在座的这些政客和官僚，统统拉出去枪毙掉，中国政局就会安定些！"在座众人无言以对。

1893年，辜鸿铭在协助湖广总督张之洞筹备铸币厂时，有一天铸币厂的外国专家联合请辜鸿铭吃饭。大家对辜很尊重，推他坐首席。宴会上，有一个外国人问辜鸿铭："你能否给我们讲讲贵国孔子之道有何好处？"辜鸿铭立即说道："刚才大家推我坐首席，这就是行孔子之教。如果今天大家都像你们西方所提倡的竞争，大家抢坐首席，以优胜劣败为主，我看这顿饭大家都吃不成了，这就是孔学的好处！"

1920年，辜鸿铭在美国最有影响力的报纸《纽约时报》上发表了一篇题为《没有文化的美国》（The Uncivilized United States）的文章，把狂傲的美国人骂得一钱不值，没想到却赢得了美国人对他的尊敬。或许是因为辜鸿铭始终在和洋人打交道，当国人对这个服装怪、行为怪、思想学说更怪的糟老头视为博人一笑的文化小丑时，他那些英文写成的著作却在国外广为流传并备受推崇。20世纪初的西方流传着这样一条谚语：到中国可以不看三大殿，却不可以不看辜鸿铭。

林纾
——白话文运动中的悲情守旧派

纾年已老，报国无日，故日为叫旦之鸡，冀吾同胞警醒。

——林纾

林纾是清末民初时期著名的翻译家。他与辜鸿铭一样，在新文化运动中被认为是反对派、守旧派。当胡适、陈独秀等人提出以白话文取代文言文，让白话文成为中国人的基本交流工具时，林纾表示了反对。

林纾（1852—1924），字琴南，号畏庐，福建闽县（今福州市）人。林纾出生在乱世，那时的中国正处在灾难深重的境地。鸦片战争的战火刚刚退去，列强已经用坚船利炮打开了中国的大门，太平天国的旗帜也插遍了大半个中国。林纾从小就志向远大，他在自己书屋的墙上画了一副棺材，题了"读书则生，否则入棺"这样的座右铭。

20岁开始，林纾就拿起教鞭，走上讲台，成了一名教书先生，教龄长达50多年。虽然林纾以翻译家闻名，但他的正职是教师。林纾提出了救国兴学的主张，他认为，只有通过兴办实业、发展经济才能救国，而办实业离不开人才，培养人才只有靠教育。他说：

强国者何恃？曰恃学，恃学生，恃学生之有志于国，尤恃学生人人之精实业。

实业之不讲，则所讲皆空言耳。

林纾讲课非常认真，下面的这个小故事，可以看出他的个性。

林纾任教北大时，课程表上有一门课在下午两三点钟上，这正是人一天中精神最不好的时候，所以学生们有时会忍不住打瞌睡。

有一天，林纾在上课时看到底下的学生又开始昏昏欲睡了，便把课本一合，说："现在我为大家讲个故事。"学生们一听，精神略微振作起来。

林纾说："有个风流和尚，某日走路时经过一座桥，见对面一位美女姗姗而来。"

学生们此时已被故事吊起了好奇心，全都支着耳朵集中精神听他讲下去，林纾却突然不讲了。学生们想继续听他讲和尚和美女后来发生了什么故事。

林纾说："没什么，一个向西，一个向东，走了。"

学生们对这个结果很是失望，但此时他们的睡意已被林纾这个小插曲驱走了。

林纾翻译小说开始于光绪二十三年（1897年），他本身不通外语，便与精通法文的王寿昌合译法国作家小仲马的《巴黎茶花女遗事》（《茶花女》）。

说到翻译小说《巴黎茶花女遗事》，其中还有段典故。

光绪二十三年（1897年），正是草长莺飞的好时节。然而林纾的寓所却晦气沉沉，笼罩着一片悲哀气氛。原来林纾的爱妻刘琼姿刚刚去世，他深感痛苦，整日郁郁寡欢。在家人的劝导下，林纾来到马尾朋友魏瀚的住处。

没承想，马尾一行改变了他一生的命运，从此他与翻译小说结下了不解之缘。

林纾住在魏瀚家里，却还是悲情难消。魏瀚正不知所措之时，好友王寿昌来了，他也是林纾同乡旧谊。

王寿昌从巴黎留学归来不久，在马尾船政学堂任教。他在法国留学期间，曾接触并阅读了大量西方文学名著，这次带回了小仲马父子的名著，于是便向林纾推荐《巴黎茶花女遗事》一书，王寿昌还提议与林纾合译这本名著，一则疏解林纾忧郁的心情，二则向国人介绍一本好书。王寿昌把小说梗概叙述了一遍，林纾听后，被故事中的悲苦缠绵情节打动，眼眶尽湿，他也认为这种爱情故事人间少有，故欣然同意合作。

王寿昌不但精通法语，中文造诣也不错，《巴黎茶花女遗事》一书，他读了不知多少遍，所以在口译《巴黎茶花女遗事》时，显得特别动情。而林纾在笔译中也尤其用心，他以汉语的词汇，写欧洲人的性情，加上夫人去世，心境凄凉，其译笔融入了对亡妻的思念情愫。两者珠联璧合，相得益彰，成就了一部文言文译著经典。

这是中国介绍西洋小说的第一部，国人见所未见，一时风行全国。林纾大受鼓舞，受商务印书馆的邀请专译欧美小说，先后翻译作品200余种，包括当时欧美流行的各类名著，如《撒克逊劫后英雄略》《孝女耐儿传》《黑奴吁天录》《魔侠传》《鲁滨孙漂流记》等。这些西洋名著向中国民众展示了丰富的西方文化，开拓了人们的视野，也牢固地确立了林纾作为中国新文化先驱及早期著名翻译家的地位。

由于林纾自身国学功底深厚，他翻译的外国文学大多文笔精炼，具有很深的文学造诣。但是，他的这些译著采用的是文言文，虽然文辞优美，然而对广大普通民众来说，阅读起来还是非常困难的，传播面并没有特别广泛。

林纾虽然被称为新文化运动中的反对派，但他的思想并不是保守的，他属于眼界开阔、思想开放的人，他主张维新和君主立宪；同情中国妇女命运，是中国最早倡导女权的人之一；他还反对官本位传统意识，呼吁实业兴国。

在他翻译西洋小说的过程中，他专门研究过西方近代文化的发展，他认为，西方人对自身的传统文化并不是全部舍弃的，比如他们没有将拉丁文当作文化垃圾丢弃，而是有意识地从拉丁文中汲取营养，作为近代思想文化的资源。

这种种认知，让他面对来势汹汹的新文化运动时，感到了困惑。当时胡适在《新青年》上发表《文学改良刍议》，提出废古文改白话文的时候，林纾就在上海的《国民日报》发表了《论古文之不当废》，观点鲜明地捍卫古文的权威。在文中，林纾说：

古文者白话之根柢，无古文安有白话？

不读《史记》而作《水浒》，能状出尔许神情邪？

当时新文化运动的急先锋提倡白话文运动，最开始影响不大，还没有多少重要人物予以理睬，于是为了扩大影响力，刘半农与钱玄同合演了一出双簧戏，而刘半农写的批判文言文文章，正是拿林纾为典型，把林纾批为"选学妖孽""桐城谬种"。

林纾看到批判他的文章，坐不住了，他先后发表了两篇小说《荆生》《妖梦》，采用影射方法，将北大校长（蔡元培）、教务长（陈独秀）、教授（胡适、钱玄同）挨个丑化一通。

虽然刘半农和钱玄同把他拉进白话文运动的旋涡不太厚

107

道，但林纾发表的这两篇文章影射攻击革命派，也让当时人不齿。后来林纾反省了自己的错误，登报表示了歉意。陈独秀对林纾的道歉给予积极回应："林琴南写信给各报馆，承认他自己骂人的错处，像这样勇于改过，倒很可佩服。"林纾当时68岁，如此敢作敢当，也算性情中人。

这整件事以现在的眼光来看，其实林纾略显无辜，他是被革命派特意树起来予以重点打击的靶子，但他的耿直天真个性让他没有忍住冲动陷了进来，导致表现失常，写了不该写的小说。

其时林纾已经步入老年，人到老年思想一般会定型，对他捍卫文言文、维护"纲常"，我们应予理解。他对孔孟纲常的维护，也是有理有据，他说：

外国不知孔孟，然崇仁、仗义、矢信、尚智、崇礼，五常之道，未尝悖也……积十九年之笔述，成译著一百二十三种，都一千二百万言，实未见中有违五常之语。

这番辩驳，不算"苍白无力"，更不"声嘶力竭"。

林纾没有意识到，全面否定文言文只是白话文运动的先锋人物所采取的一种策略：矫枉必须过正。中国传统文化绵延太久，根基太深，要予以革新，就必须把它的弊病强调到极端，让人触目惊心，这样才能为新文学的发展扫清道路。而林纾的主张属于中正派，在当年那个激进的时代，是必然会被革命派拉出来批判的。

就这样，林纾在晚年成为新文化运动、白话文运动的反对者和守旧派，被人视为逆历史潮流而动，可谓悲剧。

1919年，在林纾登报就自己的《荆生》《妖梦》向蔡元培等道歉之后，4月5日的《公言报》上发表了林纾的《腐解》。这篇文章让我们读到了林纾作为一个历史悲剧人物的孤独和无奈：

……予乞食长安，蛰伏二十年，而忍其饥寒，无孟韩之道力，而甘为其难。

名曰卫道，若蚊蚋之负泰山，固知其事之不我干也，憾吾者将争起而吾弹也。然万户皆鼾，而吾独作晨鸡焉；万夫皆屏，吾独悠悠当虎蹊焉！七十之年，去死已近。为牛则羸，胡角之砺？为马则驽，胡蹄之铁？然而哀哀父母，吾不尝为之子耶？巍巍圣言，吾不尝为之徒耶？

苟能俯而听之，存此一线伦纪于宇宙之间，吾甘断吾头，而付诸樊於期之函。裂吾胸，为安金藏之，剖其心肝。皇天后土，是临是监！子之掖我，岂我之惭？

这是一个殉道者的悲叹，尽管林纾的殉道是背时的。今天的我们，当面对林纾时，是否可以轻轻一笑，便卸下我们对历史的反思和补救？

轶闻

林纾5岁时寄宿在外祖母家，他的外祖母是一位"知书明大义"的老人。有一年，正值荔枝成熟，林纾看到枝头鲜红的美果馋涎欲滴，外祖母便用旧布衫换回些荔枝给他吃，语重心长地对他说："孺子不患无美食，而患无大志。"这句话在林纾的心灵上刻下了深深的印记，成年以后他经常用外祖母的话教育自己的孩子，并说自己一生从外祖母处得到的教诲最多。

林纾十来岁时，读书的兴趣越来越浓，他年迈的祖母很高兴，对林纾说：我家世代务农，你能够改换门庭当官固然好，但城里某人当了大官，却被人打毁轿子，砸坏房屋，所以说当高官而心术不正是可耻的。有所敬畏，本分做人就足够了。这位淳厚正直的农妇，用自己的正直言行，使林纾成为一个耿直的人、富于血性的正派人。

由于林纾小时候家里很穷，虽然爱书如命，却买不起书，只好向别人借来自己抄，按约定的时间归还。他常常起五更睡半夜地摘抄、苦读。每天晚上，他坐在母亲做针线活的清油灯前捧着书孜孜不倦地苦读，一定要读完一卷书才肯睡。到22岁时，他已读了古书2000多卷，30岁时，他读的书已达1万多卷了。

林纾说："用功学习虽是苦事，但如同四更起早，冒着黑夜向前走，会越走越光明；好游玩虽是乐事，却如同傍晚出门，趁黄昏走，会越走越黑暗。"

由于出身寒门，林纾饱尝人生疾苦，亲历人间不平，因而极富有同情心和正义感。中年以后，林纾作为翻译家，文名大噪，收入渐丰。他对贫贱故交以至危难路人都慷慨地施以援手。林纾少年时的同窗好友王灼三病逝，王妻家贫难以维持生计，绝望到要上吊自杀。林纾闻讯，急忙破窗救出王妻，慷慨地说："先生即不禄（不享寿而死），有纾在也。"筹措了"四百金"供养王妻，又把王灼三遗子王元龙领回自己家中，抚养12年，直到娶妻成家。林纾前前后后共救助抚养了七八个孤儿。他救助那些孤儿和沦落之人，并非沽名钓誉，而是从自己60年前家中揭不开锅，尝够了"穷滋味"，生发出一颗对贫寒无告者的同情、怜悯之心。

1924年10月19日，林纾溘然长逝，享年73岁。他一生同情贫寒，乐于救助他人，虽然收入甚丰，却无甚家财，死后萧条，连灵柩都是由学生资助运归福州的。这位历尽沧桑，在近代文化史上既演出过正剧也演出过悲剧的游子，终于宁静地安息在故乡大地母亲的怀抱之中。

五四新文化运动时期的进步社团

一奋斗，二实践，三坚忍，四俭朴。

——少年中国学会信条

五四时期正处于中国新旧思想交替、社会发生激烈变革的特殊历史阶段，中国思想界异常活跃，"百家争鸣"，盛况空前。许多社会思想家为了实践自己的政治抱负，纷纷成立社团组织进行宣传鼓动，大约有400多个，形成了中国历史上第一次空前繁荣的景象。

下面简要介绍一下主要进步社团：

新民学会

这是"五四"时期最早成立的社团，是由湖南第一师范的学生毛泽东在1917年秋发起的。当时毛泽东尚在求学，为了汇聚志同道合的伙伴，他写了一篇短而有力的征友启事。之后，毛泽东的周围慢慢地聚集了一些奋发有为的青年，指点江山，激扬文字。1918年4月14日，毛泽东、何叔衡、张昆弟、蔡和森等13位热血青年在岳麓山下蔡和森家中宣布成立"新民学会"，名称源于"大学之道在新民……日日新，又日新"。学会的宗旨为革新学术，砥砺品行，改良人心风俗。1920年7月又明确规定方针为改造中国和世界。新民学会会员达70余人，后分为两支：一支以毛泽东为首在湖南进行革命活动；另一支以蔡和森为首在法国进行勤工俭学，学习马克思主义。该学会很多会员后来都成为中国共产党的早期领导人。

新潮社

新潮社是在《新青年》的影响下由北大文科的部分学生于1918年11月创办的，名称源自其出版的《新潮》杂志（英文名称为Renaissance，即"文艺复兴"），该社的发起人和主要负责人是傅斯年、罗家伦、徐彦之等，成员有37人。自成立之日起就得到前辈的支持，蔡元培、陈独秀代表校方给他们提供经费、场所，李大钊、鲁迅为刊物写稿，胡适则一直是他们的顾问。《新潮》杂志是在1919年1月创刊的，以《新青年》为榜样，对《新青年》起了呐喊助威的作用。该社的宗旨是介绍西洋思想，批评中国时弊，鼓吹"伦理革命"与"文学革命"，对封建伦理道德进行猛烈的抨击，在青年学生中颇有影响。但新潮社受胡适的影响较深，具有资产阶级倾向，同时极端崇洋，坚持全盘西化，对民族文化遗产采取彻底的虚无主义态度。五四运动以后，新潮社的绝大多数成员就迅速地向右转化了。

少年中国学会

少年中国学会是五四时期各种社团中历史最长、成员最多、分布最广、分化最大的一个。1918年6月，在北京新闻界活动的四川记者王光祈联合留日学生曾琦等志同道合者筹建少年中国学会，由于李大钊在新闻界、思想界的先驱地位和声望，也被邀请参与活动并被列为7个发起人之一。经过一年酝酿，1919年7月1日，少年中国学会在北京正式成立。他们的信条是奋斗、实践、坚韧、简朴；宗旨是本科学的精神，为社会的活动，以创造"少年中国"。学会出版的刊物有《少年中国》《少年世界》和《星期日》。学会中成员复杂，吸收了不同类型的知识分子，既有以李大钊为代表的具有初步共产主义思想的知识分子，也有以王光祈为代表的小资产阶级无政府主义者，还有以曾琦、李璜为代表的资产阶级知识分子。学会成立时有会员42人，此后发展很快，并在各地甚至巴黎建立分会，在德国、美国、英国、日本和南洋也有它的会员，先后参加该会的有一百多人。由于李大钊的关系，其他社团的许多骨干如邓康、黄日葵、恽代英、张闻天、毛泽东、刘仁静等都参加了少年中国学会。1925年五卅运动兴起后，学会中的左右两派已势同水火，互不相容，少年中国学会便无形中解散，停止了活动。

天津觉悟社

觉悟社，是五四运动中天津青年学生成立的进步社团。由天津学生联合会和女界爱国同志会中的骨干周恩来、马骏、郭隆真、刘清扬、邓颖超等20余名青年组织起来的革命团体，成立于1919年9月16日。觉悟社团结进步青年，积极传播马克思主义，成为"引导社会的先锋"和"作战的大本营"，也因此成为中国共产党成立前的重要革命组织之一。

五四时期各种社团的成立和组织活动，各种社会思潮的比较与争鸣，给人们提供了探索和实践、比较和鉴别的机会。在这一过程中，马克思主义在众多的社会主义流派中独占鳌头，为中国的先进分子所掌握，由此奠定了一个伟大的社会主义新中国的基础。

轶闻

1915年，正当中国人民展开轰轰烈烈的反袁世凯复辟帝制的斗争时，远在长沙的毛泽东发表了一篇"二十八画生征友启事"（"毛泽东"三字的繁体共有二十八画）。启事共约二三百字，主要内容是邀请对爱国工作感兴趣的青年加以联络。征友启事是毛泽东自己刻蜡板油印的，发给长沙各主要学校。信封上写着："请贴在大家看得见的地方。"

毛泽东后来回忆说："我从这个广告得到的回答一共三个半人。一个回答来自罗章龙，他后来参加了共产党。"当时在长沙联合中学读书的李立三回了信，但他们没有及时深交。

罗章龙看到这张启事后，便写了封信给毛泽东，表示愿意交朋友。随即得到毛泽东的复信，上面写着："空谷足音，跫然色喜。"约定次星期天到定王台图书馆会面。

罗章龙就读于长沙第一联合中学，星期天那天，罗章龙来到定王台的湖南省立图书馆，看到走廊处有一少年仪表端庄，气宇轩昂。于是他向前行礼，互通姓名，才知道少年姓毛名泽东，字润之。毛泽东先问他，最近读过什么书，写了什么文章，罗章龙予以回答，两人热烈地交谈起来。他们坐在一条长石上，直谈到图书馆中午休息时才分手。他们来往渐渐密切起来，常交换读书笔记。1917年，两人共同发起组建新民学会。

在此期间，毛泽东和许多在别的城镇里的学生和朋友们，建立了一种很广大的通讯关系。慢慢地，他开始认为需要一种更严密的组织。1917年，毛泽东和几个朋友决定成立新民学会。1918年4月14日，一个星期天，在长沙岳麓山蔡和森的家里，召开了新民学会成立会。这天到会的共有13个人，有毛泽东、蔡和森、何叔衡、陈昌、张昆弟、罗学瓒、罗章龙等人。会上通过了一个由毛泽东起草的章程，大意是要有远大的志向，为国家为民族做事。章程中还有几项属于生活方面的戒条，如不嫖、不赌、不娶妾、不贪污等。会员资格要求是相当严的，学问、品格不好和没有志向的人不能参加。

到五四运动时，新民学会已发展到七八十人。

附文选
文学进化观念

胡适

文学进化观念有四层意义，每一层含有一个重要的教训。

第一层总论文学的进化：文学乃是人类生活状态的一种记载，人类生活随时代变迁，故文学也随时代变迁，故一代有一代的文学。周秦有周秦的文学，汉魏有汉魏的文学，唐有唐的文学，宋有宋的文学，元有元的文学。《三百篇》的诗人做不出《元曲选》，《元曲选》的杂剧家也做不出《三百篇》。左邱明做不出《水浒传》，施耐庵也做不出《春秋左传》。这是文学进化观念的第一层教训，最容易明白，故不用详细引证了（古人如袁枚、焦循，多有能懂得此理的）。

文学进化观念的第二层意义是：每一类文学不是三年两载就可以发达完备的，须是从极低微的起原，慢慢的，渐渐的，进化到完全发达的地位。有时候，这种进化刚到半路上，遇着阻力，就停住不进步了；有时候，因为这一类文学受种种束缚，不能自由发展，故这一类文学的进化史，全是摆脱这种束缚力争自由的历史；有时候，这种文学上的羁绊居然完全毁除，于是这一类文学便可以自由发达；有时候，这种文学革命只能有局部的成功，不能完全扫除一切枷锁镣铐，后来习惯成了自然，便如缠足的女子，不但不想反抗，竟以为非如此不美了！这是说各类文学进化变迁的大势。

西洋的戏剧便是自由发展的进化，中国的戏剧便是只有局部自由的结果。列位试读王国维先生的《宋元戏曲史》，试看中国戏剧从古代的"歌舞"（Ballad Dance，歌舞是一事，犹言歌的舞也），一变而为戏优；后来加入种种把戏，再变而为演故事兼滑稽的杂戏（王氏以唐、宋、辽、金之滑稽为一种独立之戏剧，与歌舞戏为二事。鄙意此似有误。王氏引各书所记诙谐各则，未必独立于歌舞戏之外。但因打诨之中时有诵谏之旨，故各书特别记此诙谐之一部分而略其不足记之他部分耳。元杂剧中亦多打诨语。今之京调戏亦可随时插入讥刺时政之打诨。若有人记之，后世读之者亦但见林步青、夏月珊之打诨而不见其他部分，或亦有疑为单独之滑稽者矣）；后来由"叙事"体变成"代言"体，由遍数变为折数，由格律极严的大曲变为可以增减字句变换宫调的元曲，于是中国戏剧三变而为结构大致完成的元杂剧。

但元杂剧不过是大体完具，其实还有许多缺点：

（一）每本戏限于四折。（二）每折限于一宫调。（三）每折限一人唱。后来南戏把这些限制全部毁除，使一戏的长短无定，一折的宫调无定，唱者不限于一人。杂剧的限制太严，故除一二大家之外，多只能铺叙事实，不能有曲折详细的写生工夫；所写人物，往往毫无生气；所写生活与人情，往往缺乏细腻体会的工夫。后来的传奇，因为体裁更自由了，故于写生、写物、言情，各方面都大有进步。

试举例为证。李渔的《蜃中楼》乃是合并《元曲选》里的《柳毅传书》同《张生煮海》两本戏做成的，但《蜃中楼》不但情节更有趣味，并且把戏中人物一一都写得有点生气，个个都有点个性的区别。如元剧中的钱塘君虽于布局有关，但没有着意描写；李渔于《蜃中楼》的《戏寿》一折中，写钱塘君何等痛快，何等有意味！这便是一进步。又如元剧《渔樵记》写朱买臣事，为后来南戏《烂柯山》所本，但《烂柯山》中写人情世故，远胜《渔樵记》，试读《痴梦》一折，便知两本的分别。又如昆曲《长生殿》与元曲《梧桐雨》同记一事，但两本相比，《梧桐雨》叙事虽简洁，写情实远不如《长生殿》。以戏剧的体例看来，杂剧的文字经济实为后来所不及；但以文学上表情写生的工夫看来，杂剧实不及昆曲。如《长生殿》中《弹词》一折，虽脱胎于元人的《货郎旦》，但一经运用不同，便写出无限兴亡盛衰的感慨，成为一段很动人的文章。

以上所举的三条例——《蜃中楼》《烂柯山》《长生

殿》——都可表示杂剧之变为南戏传奇，在体裁一方面虽然不如元代的谨严，但因为体裁更自由，故于写生表情一方面实在大有进步，可以算得是戏剧史的一种进化。即以传奇变为京调一事而论，据我个人看来，也可算得是一种进步。传奇的大病在于太偏重乐曲一方面；在当日极盛时代固未尝不可供私家歌童乐部的演唱；但这种戏只可供上流人士的赏玩，不能成通俗的文学。况且剧本折数无限，大多数都是太长了，不能全演，故不能不割出每本剧中最精彩的几折，如《西厢记》的《拷红》，如《长生殿》的《闻铃》《惊变》等，其余的几折，往往无人过问了。割裂之后，文人学士虽可赏玩，但普通一般社会更觉得无头无尾，不能懂得。传奇雅剧既不能通行，于是各地的"土戏"纷纷兴起：徽有徽调，汉有汉调，粤有粤戏，蜀有高腔，京有京调，秦有秦腔。

统观各地俗剧，约有五种公共的趋向：

（一）材料虽有取材于元明以来的"雅剧"（亦有新编者），而一律改为浅近的文字；（二）音乐更简单了，从前各种复杂的曲调渐渐被淘汰完了，只剩得几种简单的调子；（三）因上两层的关系，曲中字句比较的容易懂得多了；（四）每本戏的长短，比"雅剧"更无限制，更自由了；（五）其中虽多连台的长戏，但短戏的趋向极强，故其中往往有很有剪裁的短戏，如《三娘教子》《四进士》之类。依此五种性质看来，我们很可以说，从昆曲变为近百年的"俗戏"，可算得中国戏剧史上一大革命。大概百年来政治上的大乱，生计上的变化，私家乐部的销灭，也都与这种"俗剧"的兴起大有密切关系。后来"俗剧"中的京调受了几个有势力的人，如前清慈禧后等的提倡，于是成为中国戏界最通行的戏剧。但此种俗剧的运动，起源全在中下级社会，与文人学士无关，故戏中字句往往十分鄙陋，梆子腔中更多极不通的文字。俗剧的内容，因为他是中下级社会的流行品，故含有此种社会的种种恶劣性，很少如《四进士》一类有意义的戏。况且编戏做戏的人大都是没有学识的人，故俗剧中所保存的戏台恶习惯最多。这都是现行俗戏的大缺点。但这种俗戏在中国戏剧史上，实在有一种革新的趋向，有一种过渡的地位，这是不可埋没的。研究文学历史的人，须认清这种改革的趋向，更须认明这种趋向在现行的俗剧中不但并不曾完全达到目的，反被种种旧戏的恶习惯所束缚，到如今弄成一种既不通俗又无意义的恶劣戏剧。

以上所说中国戏剧进化小史的教训是：中国戏剧一千年来力求脱离乐曲一方面的种种束缚，但因守旧性太大，未能完全达到自由与自然的地位。中国戏剧的将来，全靠有人能知道文学进化的趋势，能用人力鼓吹，帮助中国戏剧早日脱离一切阻碍进化的恶习惯，使他渐渐自然，渐渐达到完全发达的地位。

文学进化的第三层意义是：一种文学的进化，每经过一个时代，往往带着前一个时代留下的许多无用的纪念品；这种纪念品在早先的幼稚时代本来是很有用的，后来渐渐的可以用不着他们了，但是因为人类守旧的惰性，故仍旧保存这些过去时代的纪念品。在社会学上，这种纪念品叫做"遗形物"（Vestiges or Rudiments）。如男子的乳房，形式虽存，作用已失；本可废去，总没废去；故叫做"遗形物"。即以戏剧而论，古代戏剧的中坚部分全是乐歌，打诨科白不过是一小部分；后来元人杂剧中，科白竟占极重要的部分；如《老生儿》《陈州粜米》《杀狗劝夫》等杂剧竟有长至几千字的说白，这些戏本可以废去曲词全用科白了，但曲词终不曾废去。明代已有"终曲无一曲"的传奇，如屠长卿的《昙花梦》（见汲古阁六十种曲），可见此时可以完全废曲用白了；但后来不但不如此，并且白越减少，曲词越增多，明朝以后，除了李渔之外，竟连会做好白的人都没有了。所以在中国戏剧进化史上，乐曲一部分本可以渐渐废去，但也依旧存留，遂成一种"遗形物"。此外如脸谱、嗓子、台步、武把子等等，都是这一类的"遗形物"，早就可以不用了，但相沿下来，至今不改。西洋的戏剧在古代也曾经过许多幼稚的阶级，如"和歌"（Chorus）、面具、"过门"、"背躬"（Aside）、武场等等。但这种"遗形物"，在西洋久已成了历史上的古迹，渐渐的都淘汰完了。这些东西淘汰干净，方才有纯粹戏剧出世。

中国人的守旧性最大，保存的"遗形物"最多。皇帝虽没有了，总统出来时依旧地上铺着黄土，年年依旧祀天祭孔，这都是"遗形物"。

再回到本题，现今新式舞台上有了布景，本可以免去种种开门、关门、跨门槛的做作了，但这些做作依旧存在；甚至于在一个布置完好的祖先堂里"上马加鞭"！又如武把子一项，本是古代角牴等戏的遗风，在完全成立的戏剧里本没有立足之地。一部《元曲选》里，一百本戏之中只有三四本用得着武场；而这三四本武场戏之中有《单鞭夺槊》和《气英布》两本都用一个观战的人口述战场上的情形，不用在戏台上打仗而战争的情状都能完全写出。这种虚写法便是编戏的一大进步。不料中国戏剧家发明这种虚写法之后六七百年，戏台上依旧是打斤斗，爬杠子，舞刀耍枪的卖弄武把子，这都是"遗形物"的怪现状。这种"遗形物"不扫除干净，中国戏剧永远没有完全革新的希望。

不料现在的评剧家不懂得文学进化的道理，不知道这种过时的"遗形物"很可阻碍戏剧的进化；又不知道这些东西于戏剧的本身全不相关，不过是历史经过的一种遗迹；居然竟有人把这些"遗形物"——脸谱、嗓子、台步、武把子、唱工、锣鼓、马鞭子、跑龙套等等——当作中国戏剧的精华！这真是缺乏文学进化观念的大害了。

文学进化观念的第四层意义是：一种文学有时进化到一个地位，便停住不进步了；直到他与别种文学相接触，有了比较，无形之中受了影响，或是有意的吸收人的长处，方才再继续有进步。此种例在世界文学史上，真是举不胜举。如英国戏剧在伊里沙白女王的时代本极发达，有蒋生（Ben Jonson）、萧士比亚等的名著。后来英国人崇拜萧士比亚太甚了，被他笼罩一切，故十九世纪的英国诗与小说虽有进步，于戏剧一方面实在没有出色的著作；直到最近三十年中，受了欧洲大陆上新剧的影响，方才有萧伯纳（Bernard Shaw）、高尔华胥（John Galsworthy）等人的名著。这便是一例。

中国文学向来不曾与外国高级文学相接触，所接触的都没有什么文学的势力；然而我们细看中国文学所受外国的影响，也就不少了。六朝至唐的三四百年中间，西域（中亚细亚）各国的音乐、歌舞、戏剧，输入中国的极多：如龟兹乐，如"拨头"戏（《旧唐书音乐志》云："拨头者，出西域胡人"），都是极明显的例（看《宋元戏曲史》第九页）。再看唐、宋以来的曲调，如《伊州》《凉州》《熙州》《甘州》《氏州》各种曲，名目显然，可证其为西域输入的曲调。此外中国词曲中还不知道有多少外国分子呢！现在戏台上用的乐器，十分之六七是外国的乐器，最重要的是"胡琴"，更不用说了。

所以我们可以说，中国戏剧的变迁，实在带着无数外国文学美术的势力。只可惜这千余年来和中国戏台接触的文学美术都是一些很幼稚的文学美术，故中国戏剧所受外来的好处虽然一定不少，但所受的恶劣影响也一定很多。

现在中国戏剧有西洋的戏剧可做直接比较参考的材料，若能有人虚心研究，取人之长，补我之短，扫除旧日的种种"遗形物"，采用西洋最近百年来继续发达的新观念、新方法、新形式，如此方才可使中国戏剧有改良进步的希望。

影的告别

鲁迅

人睡到不知道时候的时候，就会有影来告别，说出那些话——

有我所不乐意的在天堂里，我不愿去；有我所不乐意的在地狱里，我不愿去；有我所不乐意的在你们将来的黄金世界里，我不愿去。

然而你就是我所不乐意的。

朋友，我不想跟随你了，我不愿住。

我不愿意！

呜乎呜乎，我不愿意，我不如彷徨于无地。

我不过一个影，要别你而沉没在黑暗里了。然而黑暗又会吞并我，然而光明又会使我消失。

然而我不愿彷徨于明暗之间，我不如在黑暗里沉没。

然而我终于彷徨于明暗之间，我不知道是黄昏还是黎明。我姑且举灰黑的手装作喝干一杯酒，我将在不知道时候的时候独自远行。

呜乎呜乎，倘若黄昏，黑夜自然会来沉没我，否则我要被白天消失，如果现是黎明。

朋友，时候近了。

我将向黑暗里彷徨于无地。

你还想我的赠品。我能献你甚么呢？无已，则仍是黑暗和虚空而已。但是，我愿意只是黑暗，或者会消失于你的白天；我愿意只是虚空，决不占你的心地。

我愿意这样，朋友——

我独自远行，不但没有你，并且再没有别的影在黑暗里。只有我被黑暗沉没，那世界全属于我自己。

一九二四年九月二十四日

好的故事

鲁迅

灯火渐渐地缩小了，在预告石油的已经不多；石油又不是老牌的，早熏得灯罩很昏暗，鞭爆的繁响在四近，烟草的烟雾在身边：是昏沉的夜。

我闭了眼睛，向后一仰，靠在椅背上；捏着《初学记》的手搁在膝踝上。

我在蒙胧中，看见一个好的故事。

这故事很美丽，幽雅，有趣。许多美的人和美的事，错综起来像一天云锦，而且万颗奔星似的飞动着，同时又展开去，以至于无穷。

我仿佛记得曾坐小船经过山阴道，两岸边的乌桕，新禾，野花，鸡，狗，丛树和枯树，茅屋，塔，伽蓝，农夫和村妇，村女，晒着的衣裳，和尚，蓑笠，天，云，竹……都倒影在澄碧的小河中，随着每一打桨，各各夹带了闪烁的日光，并水里的萍藻游鱼，一同荡漾。诸影诸物，无不解散，而且摇动，扩大，互相融和；刚一融和，却又退缩，复近于原形。边缘都参差如夏云头，镶着日光，发出水银色焰。凡是我所经过的河，都是如此。

现在我所见的故事也如此。水中的青天的底子，一切事物统在上面交错，织成一篇，永是生动，永是展开，我看不见这一篇的结束。

河边枯柳树下的几株瘦削的一丈红，该是村女种的罢。大红花和斑红花，都在水里面浮动，忽而碎散，拉长了，缕缕的胭脂水，然而没有晕。茅屋，狗，塔，村女，云……也都浮动着。大红花一朵朵全被拉长了，这时是泼剌奔迸的红锦带。带织入狗中，狗织入白云中，白云织入村女中……在一瞬间，他们又将退缩了。但斑红花影也已碎散，伸长，就要织进塔、村女、狗、茅屋、云里去了。

现在我所见的故事清楚起来了，美丽，幽雅，有趣，而且分明。青天上面，有无数美的人和美的事，我一一看见，一一知道。

我就要凝视他们……

我正要凝视他们时，骤然一惊，睁开眼，云锦也已皱蹙，凌乱，仿佛有谁掷一块大石下河水中，水波陡然起立，将整篇的影子撕成片片了。我无意识地赶忙捏住几乎坠地的《初学记》，眼前还剩着几点虹霓色的碎影。

我真爱这一篇好的故事，趁碎影还在，我要追回他，完成他，留下他。我抛了书，欠身伸手去取笔——何尝有一丝碎影，只见昏暗的灯光，我不在小船里了。

但我总记得见过这一篇好的故事，在昏沉的夜……

一九二五年二月二十四日

失掉的好地狱

鲁迅

我梦见自己躺在床上，在荒寒的野外，地狱的旁边。一切鬼魂们的叫唤无不低微，然有秩序，与火焰的怒吼，油的沸腾，钢叉的震颤相和鸣，造成醉心的大乐，布告三界：天下太平。

有一个伟大的男子站在我面前，美丽，慈悲，遍身有大光辉，然而我知道他是魔鬼。

"一切都已完结，一切都已完结！可怜的魔鬼们将那好的地狱失掉了！"他悲愤地说，于是坐下，讲给我一个他所知道的故事——

"天地作蜂蜜色的时候，就是魔鬼战胜天神，掌握了主宰一切的大权威的时候。他收得天国，收得人间，也收得地狱。他于是亲临地狱，坐在中央，遍身发大光辉，照见一切鬼众。

"地狱原已废弛得很久了：剑树消却光芒；沸油的边缘早

不腾涌；大火聚有时不过冒些青烟；远处还萌生曼陀罗花，花极细小，惨白而可怜——那是不足为奇的，因为地上曾经大被焚烧，自然失了他的肥沃。

"鬼魂们在冷油温火里醒来，从魔鬼的光辉中看见地狱小花，惨白可怜，被大蛊惑，倏忽间记起人世，默想至不知几多年，遂同时向着人间，发一声反狱的绝叫。

"人类便应声而起，仗义执言，与魔鬼战斗。战声遍满三界，远过雷霆。终于运大谋略，布大罗网，使魔鬼并且不得不从地狱出走。最后的胜利，是地狱门上也竖了人类的旌旗！

"当魔鬼们一齐欢呼时，人类的整饬地狱使者已临地狱，坐在中央，用人类的威严，叱咤一切鬼众。

"当鬼魂们又发出一声反狱的绝叫时，即已成为人类的叛徒，得到永劫沉沦的罚，迁入剑树林的中央。

"人类于是完全掌握了主宰地狱的大威权，那威棱且在魔鬼以上。人类于是整顿废弛，先给牛首阿旁以最高的俸草；而且，添薪加火，磨砺刀山，使地狱全体改观，一洗先前颓废的气象。

"曼陀罗花立即焦枯了。油一样沸；刀一样铦；火一样热；鬼众一样呻吟，一样宛转，至于都不暇记起失掉的好地狱。

"这是人类的成功，是鬼魂的不幸……

"朋友，你在猜疑我了。是的，你是人！我且去寻野兽和恶鬼……"

一九二五年六月十六日

这样的战士

鲁迅

要有这样的一种战士——

已不是蒙昧如非洲土人而背着雪亮的毛瑟枪的；也并不疲惫如中国绿营兵而却佩着盒子炮。他毫无乞灵于牛皮和废铁的甲胄；他只有自己，但拿着蛮人所用的，脱手一掷的投枪。

他走进无物之阵，所遇见的都对他一式点头。他知道这点头就是敌人的武器，是杀人不见血的武器，许多战士都在此灭亡，正如炮弹一般，使猛士无所用其力。

那些头上有各种旗帜，绣出各样好名称：慈善家，学者，文士，长者，青年，雅人，君子……头下有各样外套，绣出各式好花样：学问，道德，国粹，民意，逻辑，公义，东方文明……

但他举起了投枪。

他们都同声立了誓来讲说，他们的心都在胸膛的中央，和别的偏心的人类两样。他们都在胸前放着护心镜，就为自己也深信的在胸膛中央的事作证。

但他举起了投枪。

他微笑，偏侧一掷，却正中了他们的心窝。

一切都颓然倒地——然而只有一件外套，其中无物。无物之物已经脱走，得了胜利，因为他这时成了戕害慈善家等类的罪人。

但他举起了投枪。

他在无物之阵中大踏步走，再见一式的点头，各种的旗帜，各样的外套……

但他举起了投枪。

他终于在无物之阵中老衰，寿终。他终于不是战士，但无物之物则是胜者。

在这样的境地里，谁也不闻战叫：太平。

太平……

但他举起了投枪！

一九二五年十二月十四日

聪明人和傻子和奴才

鲁迅

奴才总不过是寻人诉苦。只要这样，也只能这样。有一日，他遇到一个聪明人。

"先生！"他悲哀地说，眼泪联成一线，就从眼角上直流下来。"你知道的。我所过的简直不是人的生活。吃的是一天未必有一餐，这一餐又不过是高粱皮，连猪狗都不要吃的，尚且只有一小碗……"

"这实在令人同情。"聪明人也惨然说。

"可不是么！"他高兴了。"可是做工是昼夜无休息的：清早担水晚烧饭，上午跑街夜磨面，晴洗衣裳雨张伞，冬烧汽炉夏打扇。半夜要煨银耳，侍候主人耍钱；头钱从来没分，有时还挨皮鞭……"

"唉唉……"聪明人叹息着，眼圈有些发红，似乎要下泪。

"先生！我这样是敷衍不下去的。我总得另外想法子。可是什么法子呢？……”

"我想，你总会好起来……"

"是么？但愿如此。可是我对先生诉了冤苦，又得你的同情和慰安，已经舒坦得不少了。可见天理没有灭绝……"

但是，不几日，他又不平起来了，仍然寻人去诉苦。

"先生！"他流着眼泪说，"你知道的。我住的简直比猪窠还不如。主人并不将我当人；他对他的叭儿狗还要好到几万倍……"

"混帐！"那人大叫起来，使他吃惊了。那人是一个傻子。

"先生，我住的只是一间破小屋，又湿，又阴，满是臭虫，睡下去就咬得真可以。秽气冲着鼻子，四面又没有一个窗……"

"你不会要你的主人开一个窗的么？"

"这怎么行？……"

"那么，你带我去看去！"

傻子跟奴才到他屋外，动手就砸那泥墙。

"先生！你干什么？"他大惊地说。

"我给你打开一个窗洞来。"

"这不行！主人要骂的！"

"管他呢！"他仍然砸。

"人来呀！强盗在毁咱们的屋子了！快来呀！迟一点可要打出窟窿来了！……"他哭嚷着，在地上团团地打滚。

一群奴才都出来了，将傻子赶走。

听到了喊声，慢慢地最后出来的是主人。

"有强盗要来毁咱们的屋子，我首先叫喊起来，大家一同把他赶走了。"他恭敬而得胜地说。

"你不错。"主人这样夸奖他。

这一天就来了许多慰问的人，聪明人也在内。

"先生。这回因为我有功，主人夸奖了我了。你先前说我总会好起来，实在是有先见之明……"他大有希望似的高兴地说。

"可不是么……"聪明人也代为高兴似的回答他。

一九二五年十二月二十六日